アイドルホース列伝　超

1949-2024

小川隆行＋ウマフリ

星海社

310

SEIKAISHA SHINSHO

はじめに

人間は性格をはじめとして、一人一人が異なるため「十人十色」と言われるが、同じように気性が異なる競走馬も「十馬十色」である。

ゴールドシップのように相手を威圧する馬もいれば、勝てなくても懸命に走り続けたハルウララのようなタイプも存在する。気性以外にも、例えば逃げて能力を発揮する馬もいれば追い込みでこそ輝く脚を魅せる馬も。鞍上の指示に素直に従う馬もいれば抗う馬もいるなど、馬の特質や個性が異なるのも競走馬、そして競馬の魅力である。

競馬ファンの多くは、競馬を始めた直後に魅力のある馬に出会い、その馬がきっかけで競馬の魅力を知り、競技としてのおもしろさに触れて競馬が好きになる。

個人的な話で恐縮だが、筆者にも競馬の魅力を教えてくれた馬がいた。オグリキャップと同年代に好走したホワイトストーンである。

同馬は日本ダービー3着からセントライト記念を勝ち、菊花賞を2着。「必ずいつかＧＩを勝つ」と信じた筆者は、ＧＩ出走のたびに単勝を買い続けた、オグリキャップの有馬記念で

3着後、産経大阪杯（当時GⅡ）を勝つも、その後11戦重賞に出走して2着が最高成績。当時競馬雑誌を編集していたこともあり、管理する高松邦男師や主戦の柴田政人騎手、田面木博公騎手に話をうかがい応援し続けたがなかなか勝てない。「もう終わったかもしれない」と思いつつ、明け7歳（当時の馬齢）のアメリカジョッキークラブCでパドックと返し馬を目にすると、いつもと様相が違った。

馬から、それまでにない闘志を感じた。メジロマックイーンやオグリキャップら名馬と好走をしていた当時の迫力を感じ、単勝を購入すると、それまでハナなど切ったことのない差し馬がスタートから先手を奪い、そのまま逃げ切り勝ち。先頭でゴールした瞬間から涙が止まらなくなった。

2年あまり同馬を追いかけてきた筆者にとって、久しぶりの勝利を見詰めた直後の感動は、今も脳裏に刻まれている。大好きな競馬を仕事にしてよかった、と心から感じた。

逆に、憎き馬となったのが冒頭で取り上げたゴールドシップだ。2012年2月12日。この日筆者はWIN5を8点ほど購入すると、WIN4まで指名馬が勝ちリーチがかかった。WIN5の共同通信杯で持っていたのはディープブリランテ1頭。単勝1・4倍の圧倒的1番人気であり、負けるはずがない…と感じた数分後、筆者はウインズで立ち上がれなくなった。ゴール寸前でゴールドシップに交わされ僅差2着。的中していたら100万円であり、仮に

800円追加していれば1600万円…。競馬雑誌で取材中だった漫画家の蛭子能収さんに「惜しかったねぇ」と言われたのを今でも覚えている。その夜は泥酔してしまった。

このように、誰にでも印象深い馬がいるものだ。数多くのアイドルホースの個性やレース内容を筆頭に、あらゆる角度から記したのが本書である。前書ではGI馬を中心に101頭ほどの馬を取り上げたが、今回は年代ごとのGI馬、そしてGIには手が届かなかった個性的な馬を156頭ほど記させてもらった。

本書を読みながら名馬を思い出してもらえれば、これ以上嬉しいことはない。

小川隆行

※ゴールドシップ、ホワイトストーン、メジロマックイーンについては前作『アイドルホース列伝』（星海社新書）をぜひお読みください。

目次

第2章　忘れたくないあのときの夢　２０１０年代

第3章 色褪せない新時代の記憶 2000年代 159

第5章 遙かなる伝説の蹄音 昭和の名馬 287

写真　フォトチェスナット

馬名索引（五十音順）

ア行

カ行

サ行

タ行

ナ行

ハ行

マ行

ヤ・ラ・ワ行

本書における馬齢表記は、特に断りがないかぎり、その時代の表記としています。
現役馬の成績は 2024 年 8 月 25 日現在のものです。

第1章　その走りが伝説になる　２０２０年代

2020

パンサラッサ

比類なき大逃走、二刀流の国際GI馬

2017年生まれ
牡
鹿毛

「記録よりも記憶に残る」――いったい誰が最初に紡いだ言葉なのだろう。パンサラッサは、この言葉がひたすら似合う競走馬だった。

パンサラッサの「記録」は説明するまでもない。GⅢ福島記念の勝利を皮切りに、GⅡ中山記念も制覇――さらには、初のGI制覇を成し遂げたドバイターフ（ロードノースと同着）。そして、日本馬史上はじめて勝利を手にした世界最高賞金レースのサウジC勝利へと繋がっていく。パンサラッサは、芝とダート両方の海外GIレースを制した初の日本調教馬である。この記録を再び作る競走馬は今後、そう簡単には出てこないであろう。

しかしながら、人々の脳裏に焼きついているパンサラッサの「記憶」といえば、おそらく、2022年の天皇賞・秋での走りではないだろうか。あの日、パンサラッサは自身の世界を作った。それほどに、勇敢な大逃走だった。

「府中の2000mは簡単ではない」レース前に矢作芳人調教師も話していたように、天皇賞・秋を逃げ切って勝利したのは1987年のニッポーテイオーまで遡る。それ故か――それとも他の出走馬も豪華メンバーだったからなのか、パンサラッサは単勝22・8倍。15頭立て

父 ロードカナロア
母 ミスペンバリー
母の父 Montjeu

戦績 ［7-6-0-14］
サウジC　ドバイターフ
距離適性 中距離
脚質 逃げ・先行

の7番人気に甘んじていた。けれども、当時の担当、池田康宏元厩務員には自信があったという。「パンサラッサは暑さが苦手。前走の札幌記念のあとは北海道で放牧していて、季節が変わってからトレセンに帰ってきた。涼しくなると手を焼くほど元気になるのがパンサラッサ。いいタイミングだと感じていた」その思いは返し馬を終えた鞍上、吉田豊騎手も同じだった。「池田さんの言う通り、良くなってる。これなら——」この一言で「今日はやれる」と、池田厩務員の自信は、確信に変わったという。

ファンファーレが鳴り響き、3番ゲートに悠々と身を収める。近走はスタートダッシュがつかないレースが続いていた。しかし、この日のスタートは互角だった。鞍上の手が動き、パンサラッサがこの日も果敢にハナを叩く。そして向正面に差しかかったところで先頭に立った。実況が後続馬の紹介をし終えるころ、2番手との差は測れないほど広がっていた。前半1000mの通過は57秒4。ハイラップのまま大ケヤキを通過する。それでもなお、脚は止まらない。ターフビジョンと6万2000人の瞳に、1頭だけが映し出される。勢いは衰えず、そのまま4コーナーを回っていく。長い。わかっていても、長い直線——。残り400m、坂を駆け上がり始めたところでムチが入る。1回、2回。間が開いて3回、4回…。しかし、ムチが入る度に後続との差が縮まっていく。長い坂を上り切ると同時に脚が止まる。見ていた私が、息継ぎを忘れていることに気づいたとき、1頭の馬がパンサラッサを交わしてゴール板を駆け抜けた。勝ち馬の表情を捉えた画面に、息の上がるパンサラッサが一瞬だけ見切れた。目の当たりにしたファンを沸かせるだけでなく、最後の最後まで粘り強く、勝ちに行ったパンサラッサ。ゴールの10ｍほど前でイクイノックスに交わされて2着となったが、この一戦でさらに多くの人々がパンサラッサの「虜」となった。

その後は23年、英国のサセックスＳ（ＧⅠ）への出走を予定していたところで前脚繋じん帯炎を発症してしまった。この年で引退することがすでに発表されていたこともあり、このまこのまま引退かと予想するファンもいたが、なんとパンサラッサは帰ってきた。復帰、そして、引退レースとなったのが同年のジャパンＣ。私は「ありがとう」と、何度も何度も唱えながら最後の直線を見つめていた。

ジャパンＣの夜、矢作調教師とお会いする機会があった。私は矢作調教師に「パンサラッサと先生にたくさんのことを与えてもらいました」と感謝の言葉を述べたが、矢作調教師は首を横に振った。「それは違う。僕らが与えてもらっているんだよ、みんなに」と。

年が明けた24年1月8日。パンサラッサの栄光を称え、中山競馬場で引退式が催された。光栄なことに私も出席させていただくことになり、式が始まるまでの時間を控室で過ごしていた。同じく出席する元厩務員の池田氏と、パンサラッサの生産者である木村秀則氏は、その日が初対面。二人の会話は、実に興味深かった。「パンくんはやはり生まれた時から〝やんちゃ〟だったのですか?」という池田氏の問いに、木村氏は「牧場では優等生でしたよ。他馬の争いごとには関知せず、おとなしくて、いつも淡々としていました」と答えた。両者とも〝信じられない〟といった具合で笑い合う。「どのタイミングで変わったのか?」「だから海外遠征の際は落ち着いていたのだろうか?」と、正解の出ない答え合わせは、いつまでも続いた。

夕焼けと入れ替わるように、パンサラッサがターフに姿を現した。レースだと思っていたからか、いつも以上に「やんちゃ」なパンサラッサだった。パンサラッサに歌を贈るため、壇上にのぼった。私はそこから、光る瞳を見た。雨上がりの水たまりのようなその瞳は、どんな言葉も奪い去るほど眩しかった。それはパンサラッサの瞳ではない。パンサラッサを見送る、競馬ファンの瞳だった。

競走馬の栄光を語るとき、負けたレースにスポットを当てるのは無礼なのかもしれない。あの日、パンサラッサは確かに負けた。けれども、記憶に残る、勝ちに等しいと言える走りだった。パンサラッサを語らずして、22年の天皇賞・秋を語ることはできないだろう。「一度くらい勝つのでは?」私はそんなことを考えながら、何度もレースを見返している。

――行け、パンサラッサ。世界を作るのは、君だけ。

（ブルーノ・ユウキ）

イクイノックス

三冠牝馬すら寄せ付けない衝撃の歴代最強馬

2019年生まれ
牡
青鹿毛

昭和50年代から競馬を見続けて半世紀近くが経った。この間、衝撃を受けたレースと馬を三つ挙げてみたい。

一つはサイレンススズカの毎日王冠。馬体重452キロの小柄な馬が、直線の長い東京コースでハナを切ると、上がり35秒1の脚で5連勝中のエルコンドルパサーを2馬身半チギったレースである。次走で競走中止となり天に召されたが、1カ月後にエルコンドルパサーがジャパンCで魅せた末脚をみると、「無事だったら…」と思わずにはいられなかった。

次はディープインパクトの皐月賞。スタートで出遅れるも終わってみれば2着以下を2馬身半チギる圧勝劇。「なんじゃこの馬は！」と、それまでにない衝撃を覚えた。GIを7勝した名馬は、馬名通り深い衝撃を与えてくれた。

最後はイクイノックスが3歳時に走った天皇賞・秋。スタートから逃げたパンサラッサを10番手から差し切った末脚は、長年競馬を見てきた中でも目にしたことのない内容だった。

1頭だけ別次元の末脚。グレード制導入後、4頭目となる3歳馬の制覇は、レース史上もっとも少ないキャリア5戦での栄光。この先どんな競馬を見せてくれるのか、と期待で胸が

父 キタサンブラック
母 シャトーブランシュ
母の父 キングヘイロー

戦績 ［8-2-0-0］
天皇賞・秋2勝　有馬記念　宝塚記念
ジャパンC　ドバイシーマC
距離適性 中距離
脚質 先行

膨らんだ。

同馬はローテーションも異例だった。2戦目の東京スポーツ杯2歳Sを圧勝すると、半年ほどレースに出走せず皐月賞へ挑んだ。年明け初戦が皐月賞だった馬はコントレイルなど数頭目にしてきたが、半年ぶりというローテで大外枠から2着を確保。続く日本ダービーではドウデュースにクビ差の2着。クラシックは惜敗続きで勝てなかったものの、3歳秋以降の6戦では毎回のように衝撃を与えてくれた。

3歳馬として史上5頭目の天皇賞馬となったイクイノックスは次走で有馬記念も勝った。キャリア6戦でのグランプリ制覇は史上最短。この2レースが評価され、年度代表馬に選出された。

4歳春にドバイシーマクラシックに出走、従来のレコードを1秒も縮めてGI3連勝を遂げると、帰国後は宝塚記念に駒を進めた。圧倒的1番人気に支持されたが、このレースは波乱含みにみえた。初の阪神コースで斤量58キロと初物づくしであり、GI7勝を果たした父キタサンブラックも宝塚記念は9着と凡走している。父も4連勝をしたことなどなく、イクイノックスにとって大きな壁だと感じてしまった。

その懸念通り、2着に惜敗したダービーと同じく最後方からのレース展開に。4コーナーでも外を回らされ、「なんと、負けたか!」と感じた直後、直線で脚を伸ばすと前をまとめて交わしＧＩ４連勝を果たした。

次走で秋の天皇賞を制したこの馬の勝ち時計は1分55秒２。先行勢が総崩れする中、別次元の末脚を見せてのレコード勝利。トーセンジョーダンが持っていた従来のレコードを０秒９も更新。この記録は芝２０００ｍでの世界レコードとされている。

ラストランのジャパンＣでは、三冠牝馬のリバティアイランドと初対決となった。

このレースではリバティアイランドが優勢だと感じてならなかった。同コース同距離のオークスでは２着を６馬身チギってみせた。同じ三冠牝馬のジェンティルドンナとアーモンドアイはオークスを２分23秒台で勝ったが、この馬の勝ち時計は２頭をコンマ５秒以上も上回っている。

牡馬と牝馬の三冠馬対決は過去に２回あった。２回ともジャパンカップであり、ジェンティルドンナはオルフェーヴルに、アーモンドアイはコントレイルに先着。いずれも牝馬三冠馬が牡馬三冠馬を破っている。特にジェンティルドンナはオルフェーヴルとの４キロ差を活かし、マッチレースに持ち込むとハナ差で先着した。加えて近年は牝馬が強い時代でもある。レース前はリバティアイランドが優位に思えてならなかった。

しかし、イクイノックスの脚は別次元で、４キロ差の三冠牝馬を４馬身もチギってしまった。しかも、このレースで３着だったスターズオンアース、４着だったドウデュース、５着だったタイトルホルダーは、次走の有馬記念で揃って上位を占めている。

このことは、ジャパンCのレースレベルを証明するものだろう。

数多くのレースを目にしてきたが、このジャパンCのゴール直後は口がポカンと開いたままだった。シンボリルドルフ、テイエムオペラオー、ディープインパクト、ウオッカ、ジェンティルドンナ、キタサンブラック、アーモンドアイとGI7勝以上の名馬がいずれも勝利してきたジャパンCで、言葉が出ないほどの衝撃を受けてしまった。

ここからは夢想の話だが、前記したGI7勝以上馬が同じレースを走っても、イクイノックスに勝てる馬はいない気がする。

3番手を追走して2分21秒8、加えて上がりタイムは33秒5。ディープインパクトが勝った06年と上がりタイムは同じだが、同馬は11番手からの差し切りであり、3番手から先行して同じ上がりをマークしている。

GI勝利数ではアーモンドアイやディープインパクトらに届かなかったが、GI6連勝を果たしたのはテイエムオペラオー、ロードカナロアに次いで史上3頭目。無敗でGIのみ6連勝を遂げたのは日本競馬史上唯一の大記録となった。

引退後の種付け料は2000万円。アーモンドアイとの配合も決まった。3年後の夏、2頭の仔はどんな走りを見せてくれるのだろう。


（小川隆行）

LONGINES

2023年　第43回
ジャパンカップ
優勝　イクイノックス

三冠牝馬もダービー馬も撃破。
そして世界最強馬は伝説へ。

名馬が揃った超ハイレベルなジャパンＣを好位から圧倒したイクイノックス。
前年から続く連勝を６に伸ばす堂々たる競馬で引退レースを飾った。

ドウデュース

夢に照らされる、競馬の「主人公」

2019年生まれ
牡
鹿毛

2024年の宝塚記念。ドウデュースは、史上最多票でファン投票1位となった。彼の馬柱はきれいとは言えず、掲示板外の敗北は何度もある。にもかかわらず何故これほど人気を集めるのか、疑問を覚える人もいるだろう。だが、それは逆だ。この馬柱は彼が立ち上がった回数を証明しているのだ。その一筋縄でいかない道程と、肝心なところで勝つドラマティックさ。キャラクター、取り巻く馬や、人々。さながら少年漫画の主人公だ、と心底思う。

ドウデュースは、ひとことで言えば快男子。首を振ってブイブイ歩き、いななく。大食漢で、すぐお腹がすいてしまうのか、いかなる状況でも、食べ物らしきものはパクついてみる。必然太ってしまうが、太りやすさは内臓の強さの裏返しである。さらに牝馬が大好きで、見かけると寄って行き…挙げればキリがないが、カラリとした男子を想起させる。

彼の「肝心なところで勝つドラマティックさ」が最初に発揮されたのは、朝日杯FSだ。主戦の武豊騎手は当時、平地でのGI完全制覇までホープフルSと朝日杯FSを残すのみという状況であった。新しいGIであるホープフルSはともかく、朝日杯FSは21回挑戦して未勝利。「武豊は朝日杯FSを勝てない」というジンクスすら囁かれた。しかしドウデュー

父　ハーツクライ
母　ダストアンドダイヤモンズ
母の父　Vindication

戦績　[6-1-1-6]
朝日杯FS　日本ダービー　有馬記念
距離適性　マイル〜中距離
脚質　差し

スはジンクスを跳ね返し、マイルの舞台で後のGⅠ馬、セリフォスとダノンスコーピオンを下して、鞍上に22度目の正直の勝利を運んだのである。

22年にクラシックを迎えた世代は、史上最強世代との呼び声も高い。クラシック初戦の皐月賞でドウデュースは3着と敗れたが、ひときわ素晴らしいライバルと邂逅する。2着のイクイノックスである。天才肌だが、繊細で食事量も少なく、疲れやすい体質。そしてスラリとした馬体。無駄なことはしないクールな男だ。ドウデュースとはすべてが対比的で、まるで少年漫画のライバルであった。2頭は戦いの舞台を日本ダービーに移した。

ダービー当日は暑いほどの快晴だった。3年ぶりにスタンドを埋めつくした大観衆が見守る最後の直線、後方からしびれるような手ごたえで先頭に立ったのはドウデュース。イクイノックスもそれを追い鋭く伸びるが2着まで。ドウデュースは振り切った。またもダービーという肝心な舞台で勝って見せた。立ち尽くしてしまうほど喜んだのが、オーナー・松島正昭氏だった。「武豊で凱旋門賞を勝ちたい」と馬主をはじめたことで知られる松島氏。ドウデュースが凱旋門賞を目指すのは必然だった。年内は国内を選択したイクイノックスとは道が分かれ、ドウデュースは一足先に世界へ打って出た。

しかし、ここからが苦難の連続である。フランスでは前哨戦で負け、本番の凱旋門賞も惨敗してしまった。帰国後の京都記念こそ勝利したが、ドバイターフは跛行による取り消し。

23年、4歳の天皇賞・秋では——なんと、当日に武騎手がほかでもない松島オーナーゆかりの馬に蹴られ負傷してしまう。パートナーを欠いたまま、ダービー以降無敗で「世界王者」の称号を手にしていたライバルと、再びまみえることになった。

イクイノックスがゴールしたとき、ドウデュースは10馬身も後方にいただろうか。道中も未経験の3頭併せで先行し、本来の形を見せぬまま7着。友道康夫調教師も、本来の実力ではないと歯噛みした。続くジャパンCの前には、イクイノックスが引退を表明。2頭が一緒に出走できる最後の機会だったが、武騎手の復帰は叶わなかった。ドウデュースは4着に終わり、イクイノックスは完璧な勝利で花道を飾って、種牡馬となった。

ライバルのいないターフで、ドウデュースはただ1頭古馬三冠を走りぬくことに決まる。そのタフな道のりに対し、彼の身体は活気に満ちあふれていた。鞍上は待ち望んだ、武騎手である。ゲートを飛び出すと、ドウデュースは俺は行けるぞとばかりに前掛かるが、鞍上は本来の形——後方でじっくりと構える形で、彼と折り合った。そして残り１０００mというところでいつの間にか外に持ち出すと、大外からグングンと位置をあげていく。4コーナーでは内側の馬をあおるような鋭いコーナリング。武騎手の「GO!」を聞いて、ドウデュースは本当に嬉しそうにハミを取ったという。直線、粘るタイトルホルダーをとらえ、猛追するスターズオンアースも寄せ付けない。ドウデュースと武騎手は、長いトンネルを抜け、完全に復活したのだった。

そこにいないイクイノックスの強さをも証明し、種牡馬という道へ一足先に向かうライバルへの餞《はなむけ》としたドウデュース。思い返せば、3歳春ではイクイノックス本格化前、4歳秋ではドウデュースの主戦の不在――。結局十全と言える戦いは叶わなかった。しかしこの有馬記念で、ドウデュースは、幻のイクイノックスの黒い風を感じていたかもしれない。彼らは、自らの強さでお互いの強さを讃え合い続けた、漫画でもそうない、美しい関係だった。

主人公の持つ、一番の資質。それは他者の想いを背負うことで輝くことだと私は思う。武騎手は、ドウデュースをリハビリの心の支えにしていた。この馬と走るため有馬記念を目標に復帰をしたのだ。自身も多くの人の想いを背負っている武騎手だが、その想いをさらにドウデュースは背負っている。

有馬記念のドウデュースのジョッキーカメラには、ずいぶん長く、レース後の映像が収録されている。鞍を外して、陣営とこの馬のことをほめちぎると、武騎手が言う。「もう1回行こう、フランスに行こう」と。そこで映像は途切れる。武騎手、友道調教師たち陣営の想い。オーナーの想い。われわれ、ファンの想い。ここまでの映像を残したJRAの想いすら――。ドウデュースはすべてを背負って輝く主人公だ。これからどんな結果が待ち受けようとも大丈夫。ドウデュースには、物語の道程にすぎないのだから。

（緑川あさね）

ミックファイア

期待を背にひた走る、22年ぶりの南関三冠馬

2020年生まれ
牡
鹿毛

羽田盃、東京ダービー、ジャパンダートダービー＝南関東三冠戦の最終年となった2023年、歴代2頭目の三冠馬となったミックファイア。01年のトーシンブリザード以来22年ぶりの栄誉に輝いた同馬は、母のマリアージュがJRAのダートで4勝を挙げたこともあり、1歳時のサマーセールでは1500万円ほどと思われていたが、声がかからず取引価格550万円で落札された。

後にジャパンダートダービーで、落札価格2億2000万円のユティタムを筆頭に錚々たる名馬を倒し、現在の獲得賞金は1億8650万円。馬主さんの慧眼たるや恐るべしだ。

1歳当時の馬体は400キロほどで体高も幅もなく小さかったが、2歳になると成長が目覚ましくデビュー時は496キロ。新馬戦と2戦目で2着を5馬身チギってみせた。2戦目はソエを気にしておりパドックでも入れ込んでいたが、大井1600mでは破格の1分40秒7。つづくひばり特別も制し3連勝の直後、爪が割れて血が吹く状態になり、5カ月後の羽田盃にはぶっつけ本番で挑むことに。さすがに状態が懸念されたが、終わってみると1番人気のヒーローコールを6馬身離す圧勝劇であった。ハイペースを2番手で走り後半3ハロン

父	シニスターミニスター
母	マリアージュ
母の父	ブライアンズタイム
戦績	[7-0-0-3] ジャパンダートダービー
距離適性	中距離
脚質	先行

はメンバー中トップの37秒2をマーク。スピードが長続きする強靭な心肺機能を武器に一冠目を制覇した。

6月の東京ダービーも勝って無傷の5連勝。04年アジュディミツオー以来となる19年ぶり無敗の東京ダービー馬となった。

1カ月後の7月、ジャパンダートダービーでJRA勢と初対決。日本全国のダービー馬が集結するダート3歳ナンバー1決定戦は99年に新設され、ゴールドアリュールやカネヒキリ、クリソベリルなど24回中18回でJRA所属馬が勝っている中、ミックファイアはキリンジ以下を2馬身半離し三冠馬となった。超ハイペースの消耗戦となり向正面では外を回りながらJRA勢を突き離す余裕の勝利。同世代のダートホースではトップクラスの脚を見せてくれた。

2024年以降、大井競馬を舞台に、羽田盃と東京ダービーがJRA勢も出走する3歳ダート三冠となる。その初年度となった24年はJRA勢がワンツーフィニッシュを決めたが、仮に前年から開放されていたとしても、ミックファイアは無傷の3連勝を決めていたと感じさせる。その証がジャパンダートダービーの結果だった。

ちなみにこのレースを大井所属馬が制したのはオリオンザサンクス以来24年ぶり2頭目である。

秋初戦は長距離輸送を経験させるため盛岡のダービーグランプリに出走、勝って7連勝を決めた。しかし初の輸送で馬体重が30キロ近く減ったため、JBCクラシックを回避して東京大賞典に出走。JRAの古馬勢と初対決を迎えた。

競馬とは勝つたびにクラスが昇格することで相手が強くなる。相手は前年の東京大賞典を制し、ドバイワールドCを勝って世界一のダートホースとなったウシュバテソーロを筆頭に、ノットゥルノやキングズソードなど強豪揃い。7戦無敗のミックファイアだがウシュバテソーロから2秒遅れての8着に敗れた。ダート戦は芝よりも古馬が優勢とされる。地方の雄は最初の壁にブチ当たった。

同馬は2カ月後にフェブラリーSに出走。後方から直線で脚を伸ばしたが、勝ったペプチドナイルから4馬身差の7着だった。前述どおりこの馬は輸送に弱く、東京競馬場でのフェブラリーSの際も馬運車に入るとダービーグランプリでの輸送を思い出したのか入れ込み、車内では汗だらけになったという。

3カ月後に船橋のかしわ記念に出走も5着に終わったが、フェブラリーSともども地方馬&4歳勢では最先着。勝ち馬がともに2歳年上だったのをみる限り、ミックファイアが精神的に成長すれば勝利まであり得ると感じられる結果であった。

普段はおとなしく、馬房では食べるか寝るかのどちらかで、無駄なことはしないタイプのミックファイアだが、一度馬房の外に出ると周りを気にして暴れたり、普段とは異なる状況になると「無駄なことしかしない」と、この馬を管理する渡辺和雄師は語る。

愛馬の7連勝を見続けてきた同師がもっとも嬉しかったのはジャパンダートダービーだった。

「1戦目（羽田盃）や2戦目（東京ダービー）と異なり、このレースはJRAの強豪が揃い、ハードルは一気に高くなりました。レース展開も1コーナーで思った位置が取れず…。3〜4コーナーでも武豊さんの馬がセーフティリードに見えましたが、跳ね返してくれたので余計にうれしく、初めてうれし泣きをしました」と語る。

渡辺師にとっても、JRA勢を破って日本一になるのが最大の目標である。ミックファイアがどう成長できればベストかを尋ねると、

「今はプロ野球に入った高校生が壁にぶち当たっているのと同じ状況で、必要なのは精神的な成長です。まずは同馬の体重を500〜510キロほどに成長させたい」

と語ってくれた。馬体重が増えて精神的に成長できたら、古馬のJRA勢を倒すことも夢ではなくなるだろう。

「JRAのファンファーレを聞いてゾクゾクしたい」との言葉を聞いた私も、夢の舞台で先頭ゴールするシーンを夢見ている。

（小川隆行）

リバティアイランド

一体どれほど強いのか、完全無欠の三冠牝馬

2020年生まれ
牝
鹿毛

2022年7月30日に新潟で行われた新馬戦はちょっとした驚きだった。レースを中団後方から進め、最終コーナーを回った時点で7番手につけていた1頭の牝馬は、ラスト600mを過ぎて追い出されると、一気の加速で前を行く6頭を飲み込んだ。結果は、2着に3馬身差をつける楽勝劇。最後は鞍上が抑え加減でありながら、上がり3ハロンはJRA史上最速に並ぶ31秒4を記録した。

この記録にどれほど価値があるかといえば、これまでにラスト3ハロンで同タイムを掲示したのは同じ新潟で行われる直線1000m戦のみで、いずれも古馬によるものだ。それを2歳牝馬が楽々と記録したのだから、とんでもない馬が現れたと思わずにはいられなかった。

牝馬の名はリバティアイランド。父ドゥラメンテは皐月賞と日本ダービーを制した名馬で、タイトルホルダーやスターズオンアースといったクラシックホースをはじめ、重賞ウイナーを輩出している名種牡馬だ。所属する中内田充正厩舎と川田将雅騎手のタッグは近年競馬界を席巻しており、まさに近代競馬のトレンドが詰め込まれた1頭と言っても過言でない。

リバティアイランドの2戦目は、GⅢアルテミスS。単勝1・4倍の大本命に押される中、

父 ドゥラメンテ
母 ヤンキーローズ
母の父 All American

戦績 [5-2-1-0]
阪神JF　桜花賞　オークス　秋華賞
距離適性 短〜中距離
脚質 先行・差し

新馬戦同様に中団後方を進むリバティアイランドだったが、最後の直線で進路を失ってしまう。鞍上の川田騎手も外へと持ち出し、先に抜け出したラヴェルを懸命に追いかけるもクビ差届かず。負けるはずがないと思われた一戦で、まさかの2着に敗れた。

自身の価値を証明するためにも勝つしかない。そんな不退転の決意で挑んだのが、世代のトップランナーたちが集うGⅠ阪神JFだった。前走の敗戦を生かして中団やや外めをエスコートした川田騎手は、スムーズに進路を確保すると追い出しのタイミングを見計らう。ゴーサインを受けたリバティアイランドは追走を開始すると、前を行くライバルたちを一気に飲み込んでいく。ラスト200mで先頭に立つと、2着に2馬身半の差をつけて1着でゴールを駆け抜けた。

明け3歳になり、2歳女王のプライドとともに挑んだクラシック一冠目の桜花賞。この年の阪神競馬場は後ろが伸びない先行有利の馬場傾向にあり、例年にも増してポジショニングが重要となっていた。

注目が集まったスタートでリバティアイランドは後手を踏み、後方3、4番手の位置取り。最悪の展開に場内からもどよめきが上がる。最後の直線では2番手から先頭に立ったコナコーストを4番手からペリファーニアが追い詰める。前残りの決着かと思われたゴール直前。リバティアイランドはただ1頭、大外から前に迫ると、2頭を一瞬のうちに差し切ってしまった。常識を超えた異次元の末脚で桜花賞を制したリバティアイランドは、クラシック二冠をかけてGⅠオークスへと駒を進める。

オークス当日、私はリバティアイランドの勇姿を見届けるために東京競馬場へと足を運んだ。切れすぎる末脚から距離不安もささやかれたが、堂々の単勝1・4倍の支持を受け、スタートの瞬間を迎えた。心配されたスタートを決めると、6番手の内を追走。縦長となって迎えた最後の直線。馬場の真ん中に持ち出し、持ったまま2番手に上がると満を持して川田騎手がゴーサインを送る。その刹那、リバティアイランドは一気に加速し、粘るラヴェルを交わして先頭に立つと、あとは後続を引き離していく一方。最後は2着に6馬身の差をつけて樫の栄冠に輝いた。

現地でカメラを片手に観戦している中、ラヴェルを交わしたあたりでリバティアイランドの姿をファインダーから一瞬見失ってしまった。慌ててカメラを前に移したが、次にその姿を捉えた時、彼女は想像の遥か前を走っていた。あまりの加速力に鳥肌が立ちながらシャッターを切ったことを今でも覚えている。この一戦を目の当たりにできたことは一人の競馬ファンとして、かけがえのない財産であり幸運だったように思う。

無事に秋を迎え、挑んだ三冠最後のGⅠ秋華賞。三冠が確実視される中、4コーナーを回って早々に先頭に立ったリバティアイランドを、ただ1頭ローズSを日本レコードで制したマスクトディーヴァが追い詰める。徐々に差が詰まるも、1馬身差に迫ったところがゴール。リバティアイランドは、史上7頭目の三冠牝馬の快挙を達成した。

こうなると次の興味は一体どれほど強いのかという点に移るが、その力を測る相手が当時の日本競馬界には存在した。世界最強の呼び声高い1世代上のイクイノックスだ。秋華賞の後、リバティアイランドはイクイノックスも名を連ねるGIジャパンCへの出走が決まった。思えば、リバティアイランドにとってはこれが挑戦者として挑む初めてのレースだったかもしれない。レースはパンサラッサが1000mを57秒6と飛ばして大きく後続を引き離す中、イクイノックスをマークするように直後の4番手を追走。直線では、遠く離れたパンサラッサを目掛けて加速するイクイノックスに対して、リバティアイランドにはいつもの伸びが見られない。最後はイクイノックスに4馬身離される、生涯初の完敗といえる敗戦を喫した。ただ、1世代上の二冠牝馬スターズオンアースやダービー馬ドウデュースは抑えきって2着を確保していたことから、さらなる飛躍が期待された。

そして24年、古馬初戦のGIドバイシーマクラシックで追い込み届かず3着に敗れると、帰国後、右前脚の軽度な種子骨靱帯の炎症により休養へ。

一体どれほど強いのか。この問いに対する答えは現時点では出ていない。しかし、再びターフに戻ってきたときに、あの豪脚とともにその答えを示してくれるに違いない。（安藤康之）

コラム

クセの強い奴ほど愛される

「無くて七癖、有って四十八癖」ということわざがある。人は多かれ少なかれ、生きていく過程で誰もが「癖」を身に纏う。他人の癖は、周りから見ていると、不思議で、滑稽で、時にはイライラさせられることも多い。ただ、周囲に迷惑や不快感を与える悪癖を除けば、人間味のある個性として容認しつつ、付き合っていくのが私たちの世界である。

生まれた時から厳格に育成され、調教されてデビューする優等生な馬たちにも「癖」はつきもの。毎日の生活習慣から生まれる変な癖もあれば、速く走るために身についた悪い癖もある。人の癖と違うところは、変な癖も悪い癖もその馬の楽しい個性となり、「クセ馬」という名称で愛されることだ。それらを、メディアを通じての紹介や、ＳＮＳを通じて知ることになれば、その馬に親近感が湧きファンが激増していく。その馬が競馬場から去っても、いつまでも語られ続けるのは、熾烈な戦いの中で「和みの記憶」を残してくれたからだろう。馬の世界では、不思議なことにクセの強い奴ほど誰からも愛される…。

クセ馬と言っても、様々な連中がいる。古くはオグリキャップの武者震い。ゲートに入る時にブルっと武者震いをする癖のあったオグリキャップが、成績不振とともに武者震いを止めた。ところが、引退レースの有馬記念のゲート入り前、ターフビジョンに映し出されたオグリキャップが武者震いをして、場内から大歓声が上がった。そして彼が見せた感動的なラストランは、オグリキャップの武者震い癖とともに、長く語られるエピソードとなっている。

レース以外で観客を盛り上げた不思議なクセ馬たちも、多くのファンに愛されている。本馬場入場を一大イベントに仕立てた稀代のクセ馬、ハクサンムーンもファンの多い馬だった。2015年スプリンターズSの本馬場入場。最後に入場してきたハクサンムーンに、スタンドの誰もが注目する。酒井学騎手を背にターフビジョンに映された時、ハクサンムーンの左旋回ショーが始まる。クルクルと旋回するハクサンムーンに送られる声援の大きさ。心行くまで旋回したハクサンムーンが返し馬に入ると、場内からの大拍手でイベントが終わる。「ハクサンムーンの本馬場旋回」は、クセ馬推したちの中で「伝説」と化している。

いつの時代にも名馬がいて、感動のレースシーンがある。そして並走したクセ馬たちが、更にそのレースを盛り上げる。たとえレースを勝つことができなくても、レースの思い出に組み込まれると、間違いなく主人公になっていくクセ馬たち。

ゴールドシップ、エイシンヒカリ、リフレイム、メイケイエール…などなど。愛されるクセ馬たちは、いつまでも記憶の中を駆けている。

（夏目伊知郎）

ウシュバテソーロ

ダート転向からわずか1年、世界の頂点に

2017年生まれ
牡
鹿毛

ダート転向で、隠れた才能が花開く場合がある。例えば、砂の歴代最強馬に名前が挙がるクロフネ。同馬もデビューから長らく芝路線を歩み、NHKマイルCを制したが、天皇賞・秋の出走枠に漏れたことから武蔵野Sに参戦。同レースを9馬身差、続くジャパンCダートを7馬身差で圧勝し、「白いセクレタリアト」とも称されるほどの衝撃を残した。

ウシュバテソーロも同じく、ダートに矛先転じて開花した1頭だ。5歳春までに芝の中長距離戦で3勝を挙げたが、3勝クラスでは4着、5着、11着、6着とやや決め手不足の印象。芝では大多数の中にいる条件馬に過ぎなかった。

ダートを試すのが遅くなったのは、その血統も理由の一つだったかもしれない。父オルフェーヴルは2011年にクラシック三冠を達成するなど、GIを6勝した芝の歴史的名馬。産駒のマルシュロレーヌやショウナンナデシコがダートで結果を残していたものの、当時は芝向きの種牡馬というイメージもまだまだ残っていた。母のミルフィアタッチが砂で3勝していたとはいえ、近い将来「ダートの世界王者」になるとは誰も思うまい。

転機となった22年4月の横浜Sは、23戦目にして迎えた初めてのダート戦。7番人気で単

父	オルフェーヴル
母	ミルフィアタッチ
母の父	キングカメハメハ
戦績	[11-3-5-15] 東京大賞典2勝　川崎記念 ドバイワールドC
距離適性	中距離
脚質	追込

勝15・6倍と穴人気はしていたものの、ファンも陣営も適性には半信半疑だった。

スタートすると最後方まで下がり、直線入り口でも後ろから2番手。そのまま見せ場無く敗れるかと思った瞬間、ウシュバテソーロは覚醒した。一瞬で13頭をごぼう抜き。最後は流す余裕も見せながら、4馬身差の圧勝を飾ったのだ。上がり3ハロン34秒0は、86年以降のJRAダート1800m以上で歴代1位。記録に残る走りで、他馬を圧倒したのである。

芝ではいま一歩足らなかったが、ダートでは完全に手応えを摑んだ。暮れから年明けにかけて東京大賞典、川崎記念を連勝。あっという間に国内の勢力図を塗り替えると、続いて照準を合わせたのは、1着賞金約9億円の夢舞台・ドバイワールドCだった。

同レースには連覇を狙った米国のカントリーグラマーや、地元GⅡ連勝のアルジールスをはじめ、各国のトップホースが集結。しかし、それらもウシュバテソーロの敵ではなかった。普段と同じく最後方から各馬を飲み込み2馬身3／4差の圧勝。持ち前の豪脚と破竹の勢いは、世界最高峰の舞台でも止まらず、芝から転じてわずか1年足らずで頂点に達した。

その後も実績を積み上げ、獲得賞金22億1567万8200円は、24年3月終了時点で歴代1位。もちろん、その9割以上はダートで手にしたもの。5歳春で横浜Sにチャレンジしていなければ、持っていた才能は、そのまま埋もれていたかもしれない。

（中川兼人）

ディープボンド

何度でも、ひたむきに、全力で

2017年生まれ
牡
青鹿毛

ディープボンドは、みんなに愛されている馬だと思う。

私の周辺にも「ディープボンド推し」は多く存在している。2022年アイドルホースオーディションで3位になり、ぬいぐるみも発売されたが、彼の人気は決してそれだけではない。ディープボンドのこれまでの蹄跡そのものがファンの心を揺さぶり、熱い応援につながっているのだ。たとえ、父キズナの凄さ、美しさは知らなくとも、ディープボンドの青鹿毛はそれだけでカッコ良く、凱旋門賞に2回もチャレンジした偉大なアイドルホースなのである。

ディープボンドはGⅠ馬ではない。フランスのフォア賞を含む四つのGⅡタイトルを持つオープン馬である。しかし、ファンを熱くしているのは、彼が制覇した重賞タイトルではなく、惜敗したGⅠレースにあるのだという。最長距離を走るGⅠ、天皇賞・春に21年から4年連続で出走して、2着、2着、2着、3着と全て馬券圏内をキープしていること。どうして、「もうひとがんばり」を最後まで持続できないのだろう。ディープボンドの「ゴール前のあと少し」は、彼を愛する人々に地団太を踏ませる。しかし「ディープボンド推し」の人は

父	キズナ
母	ゼフィランサス
母の父	キングヘイロー
戦績	[5-5-3-16] 京都新聞杯　阪神大賞典2勝　フォア賞
距離適性	中〜長距離
脚質	先行

誰もが知っている…ディープボンドが過酷な3200mを全力疾走し、ゴール前で追い抜かれても最後まで諦めず、先頭を行く馬を追いかけているということを。だからこそ2着をキープしてゴールできるのだと。ディープボンドの魅力は、その一生懸命な姿である。

「夢が破れても、最後まで投げずに完遂しよう」「夢が破れたら、また挑戦すればいいさ」ゴールした後のディープボンドから、ファンたちはそんなメッセージを受け取る。2着で終わっても、天皇賞・春が終わって淀駅に向かう通路を清々しい気持ちで歩けるのは、納得のいくレースを見たから。ディープボンドから元気をもらって、明日からまた頑張ろうという気に自分自身がなれるから応援を続けるのだという。だからこそ、翌年の天皇賞・春に向けて、楽しみを持ちながら日々を過ごしていけるのかも知れない。

ディープボンドがGⅠに最も近づいた着差は、21年天皇賞・春と有馬記念の各3／4馬身差。3200m、2500mを走っての僅か0秒1差は、ディープボンドにとって悔しい0秒1差に違いない。しかし、届かなかった0秒1差が、彼を令和のアイドルホースにならしめた。

「3年連続で2着だったのだから、合わせ技で天皇賞のレイをディープボンドにかけてあげてもいいと思う」こんなことを言ってくれる「ディープボンド推し」を持つ彼こそが、真のアイドルホースであり、本当に幸せな馬であるように思う。

（夏目伊知郎）

タイトルホルダー

気持ち良い逃げで競馬界を牽引した阪神巧者

2018年生まれ
牡
鹿毛

京都競馬場が改修された影響もあり、菊花賞、春の天皇賞、宝塚記念と阪神コースのGIを3勝するという珍しい記録を達成した名ステイヤー・タイトルホルダー。この馬が凄みを見せつけたレースこそ、初のGI勝利となった菊花賞だろう。

スタートからハナを切るとマイペースで先頭をひた走る。「ハナを切ると楽しそうに走る」と陣営が語った通り、単騎での逃げは気持ちよさそうに見えた。前半1000m通過は1分ジャスト。距離を考えるとやや速めな感もあったが、鞍上の横山武史騎手はスピードを緩めない。次の1000mは65秒4とペースを落とすと2番手を進むセファーラジエルが1馬身ほど後方へ。3コーナーを過ぎても先頭は譲らず、4コーナーでスパートするとみるみるうちに後続を突き離していく。終わってみれば2着オーソクレースとの差は5馬身。文字通りの独り旅で初のGI制覇を果たした。

皐月賞馬エフフォーリアとダービー馬シャフリヤール、同世代の二強が不在のレースではあったが、仮に2頭が出走していても、タイトルホルダーのスタミナにはついていけなかった、と思わせるレース内容だった。

父 ドゥラメンテ
母 メーヴェ
母の父 Motivator

戦績 [7-3-1-8]
菊花賞　天皇賞・春　宝塚記念
距離適性 長距離
脚質 逃げ

グレード制導入後、菊花賞を逃げ切った馬はセイウンスカイ、春の天皇賞を逃げ切った馬はイングランディーレがいるが、2頭ともその後のGⅠ勝利はなかった。対してタイトルホルダーは春の天皇賞で2着に7馬身差、続く宝塚記念では2番手から直線で後続を突き離すなどGⅠ2勝を挙げている。逃げ馬は勝ち方がフロック視されるケースもあるが、タイトルホルダーは強さを発揮しての勝利だった。

この馬を生産した岡田スタッドの岡田牧雄氏は、2歳時から心肺機能の優秀さを見抜いており、早くから菊花賞を目指していたことで、皐月賞と日本ダービーは当初、視野に入っていなかったという。しかし、弥生賞を制したことで二冠に出走すると皐月賞2着、日本ダービー6着。秋初戦のセントライト記念は13着に大敗するも、当初の目標を達成してみせた。

「菊花賞逃げ切り制覇」を典弘&武史の親子で達成すると、翌春の天皇賞では兄の横山和生騎手が手綱を握り、祖父の横山富雄騎手（71年メジロムサシ）、父の横山典騎手（96年サクラローレル、04年イングランディーレ、15年ゴールドシップ）に継ぐ親子三代制覇を遂げている。

5歳秋、ラストランの有馬記念。スタートから単騎逃げをみせると4コーナーを過ぎても先頭をキープしていたが、ドウデュースに交わされ3着。しかし1歳下の天皇賞・春の優勝馬ジャスティンパレスにはアタマ差競り勝ちターフを去った。

（山本和夫）

エフフォーリア

横山武史騎手を成長させた、無敗の皐月賞馬

2018年生まれ
牡
鹿毛

武豊騎手はスーパークリーク、横山典弘騎手はメジロライアン、川田将雅騎手はキャプテントゥーレ。リーディング上位の騎手には「自分を成長させてくれた馬」が存在する。今や関東の顔ともなっている横山武史騎手の場合はエフフォーリアだろう。

2017年にデビューした横山武騎手は初年度13勝、2年目35勝、3年目54勝と勝ち星を積み上げていった。通常、減量が取れた騎手は騎乗依頼が減ることも多いが、父の横山典騎手の背中を見続け「騎手としての在り方」を思い描いてきた横山武騎手は、4年目に94勝を挙げリーディング6位。関東でリーディングに立った。4年目の20年、エフフォーリアに出会うと新馬戦、百日草特別、共同通信杯と3連勝。2番人気で挑んだ皐月賞でも2着タイトルホルダーに3馬身差の圧勝。誰もが勝ちたいレース、日本ダービーに無敗で出走した。

スタートから3番手を進み、道中で他馬が上がってくる中、横山武騎手はペースを崩さぬままポジションを下げた。4コーナーでは9番手から直線に入り、外へ出されるもスペースが開くと抜け出して見せる。勝った、と思った次の瞬間、後方から福永祐一騎手騎乗のシャフリヤールに並びかけられ、ほぼ同時にゴールイン。写真判定の結果、ハナ差で2着。横山

父 エフピファネイア
母 ケイティーズハート
母の父 ハーツクライ

戦績 [6-1-0-4]
皐月賞　天皇賞・秋　有馬記念
距離適性 中距離
脚質 先行

武騎手の騎乗にミスなどなかったが、ダービーという栄冠を逃した悔しさから言葉は少な目だった。無言の彼から感じられたのは「この借りは必ず返す」という執念だった。

5カ月後、休養明け初戦で挑んだ秋の天皇賞。8番手を進んだ三冠馬コントレイルと2番手でレースを進めるGI5勝馬グランアレグリアの間を走ったエフフォーリアは、直線残り200mでグランアレグリアを捉えると、後方から福永騎手騎乗のコントレイルに迫られる。「ダービーの再現か」と思われた直後、愛馬を追い出した横山武騎手は三冠馬を寄せ付けず先頭でゴールイン。勝った直後、スタンドに向かってガッツポーズをみせた横山武騎手の胸の内には、恐らく5カ月前の悔しさを跳ね返した嬉しさがこみあげていたのだろう。

3歳馬の天皇賞制覇はバブルガムフェロー、シンボリクリスエス以来3頭目の快挙となった（グレード制導入以降。導入以前ではハッピーマイトを含め4頭）。

続く有馬記念も制し年度代表馬となったエフフォーリアだが、4歳初戦の大阪杯で9着に敗れると、宝塚記念6着、有馬記念5着と3歳時の好走は影を潜めた。5歳春に京都記念で心房細動を発症、競走中止となりターフを去った。

23年2月16日。美浦トレセンを去るエフフォーリアを見つめた横山武騎手は涙を浮かべ「エフフォーリアの子どもで大きなレースを勝てたら嬉しい」と語った。同馬の仔でダービーを勝てたら、横山武騎手は間違いなく大粒の涙を流すだろう。

（小川隆行）

メイケイエール

みんなから愛された、負けず嫌いの優等生

2018年生まれ
牝
鹿毛

［7－0－0－13］。軸にするか、いっそのこと切るか——いや、今回は2着か3着に来るかもしれない…。メイケイエールの取捨選択で心を掻き乱されたファンは多い。本当に様々な意味で注目せざるを得ない馬、それがメイケイエールだ。

母が白毛のシロインジャー、祖母ユキチャン、曽祖母シラユキヒメという白毛一族に生まれた同馬だが、毛色は父ミッキーアイルの血を受け継ぐ鹿毛。牧場では目立たない存在だったがとても物覚えが良く、優等生だったという。またソダシと馬房が隣でソダシ、スルーセブンシーズとは放牧地が一緒だった。後にメイケイエールを管理する武英智調教師の目に留まり、彼の勧めで名古屋競馬に購入される。厩舎では基本的に賢くて大人しいが機嫌の良い日と悪い日の落差が激しく、良い時はすごく甘えてくるがダメなときは近寄れない雰囲気を出していたという。

デビュー後のメイケイエールといえば、桜花賞後には横山典弘騎手から「競馬以前の問題」と言われ、武豊騎手からも騎乗後に「どうしたらいいのか」と嘆かれるほどの気性難の印象が強い。ただ、彼女のそれは一般的な「気性難」ではない。調教で教え込まれた我慢を忘れ

父　ミッキーアイル
母　シロインジャー
母の父　ハービンジャー

戦績　［7-0-0-13］
チューリップ賞　京王杯SC
セントウルS　シルクロードS
距離適性　短距離
脚質　先行・差し

るほどの負けん気の強さにより、前を追いかけようとして暴走してしまうのである。その際、頭を振って走るので前を見ずに他の馬に突っ込んでいくことになり、鞍上からは「怖かった。25年やってきて、あのタイプは初めて」というコメントが飛び出したこともある。

そんなメイケイエールは、3歳秋に運命の出会いを果たす。きっかけは武英調教師と池添謙一騎手がゴルフをしていたとき。池添騎手にスプリンターズSの騎乗馬が出走できなくなったと連絡があり、武英調教師が「メイケイエールに乗れないか？」と声をかけたことで池添騎手とのコンビが決まった。

以降、骨折のため騎乗できなかった香港スプリントを除き、引退まで手綱を取ることになった池添騎手。GⅠでは掲示板に載ることもあったが、馬場や枠に泣き、ついぞ勝利には届かなかった。オルフェーヴルから「度胸」、スイープトウショウから「忍耐」、ドリームジャーニーから「工夫」を学んだ池添騎手は、メイケイエールからそれら全てが合体したものを経験したと語った。様々な気性の馬とともに大一番に挑んできた池添騎手をもってしても、計り知れない個性の持ち主だったということだろう。

SNSを中心に幅広いファン層を獲得し、2022年には「ネット流行語100」でチェンソーマン(55位)より上位の51位に入るなど、ターフ内外で話題を振りまいたメイケイエール。彼女への〝エール〟は、これからも語り継がれていくことだろう。

(張凡夫)

フォーエバーヤング

世界のダート界を担うスター候補

2021年生まれ
牡
鹿毛

凱旋門賞の勝利と、アメリカのダートGI制覇。ともに日本競馬の悲願とされていたが、個人的には後者の方が圧倒的に難易度が高いと考えていた。理由は「日本のダート競馬と、アメリカのダート競馬は〝別競技〟」と言われていたからだ。国内では「ダート」のことを「砂」と表現するが、本来は「土」と和訳するのが正しい。その「ダート」の本場であるアメリカの馬場は固く、芝並みのタイムが出る。性質が異なるので、求められる適性もまるで違う。ゆえに数々の実績馬が渡米したが、その多くは思うような結果が出なかった。

だが、近年は時流が変わってきた。アメリカのダートGI制覇の夢は、2021年にマルシュロレーヌがBCディスタフを勝って達成。さらに続々と日本馬が世界のダート競走で活躍し始めた。次はケンタッキーダービーか、BCクラシックか——快挙への機運が高まりつつあったところ、颯爽《さっそう》と現れたのがフォーエバーヤングである。

同馬をひと言で表現すれば「優等生」だろう。JBC2歳優駿では、門別の深い砂を克服して重賞初制覇。続く全日本2歳優駿は、小回りコースを難なくこなし7馬身差の圧勝を飾る。海外でも勢いは止まらず、サウジダービー、UAEダービーと連勝。どんな馬場やコー

父　リアルスティール
母　フォエヴァーダーリング
母の父　Congrats

戦績　[5-0-1-0]
JBC2歳優駿　全日本2歳優駿
サウジダービー　UAEダービー
距離適性　中距離
脚質　差し

ス、環境にも対応する姿は、大仕事も夢ではないと思わせるに十分なものだった。

5戦5勝の成績が評価され、ケンタッキーダービーは現地オッズで3番人気。有力馬の1頭に数えられるだけでも名誉なことだが、レース内容でも大いに沸かせた。

スタートはアオるように出てヒヤっとさせたが、坂井瑠星騎手は冷静に体勢を立て直す。だが、各馬に位置を取られてしまい、道中は後方から4、5頭目あたりを進んだ。慌てず騒がず、じっくり脚を溜め3、4コーナー中間の勝負どころから一気に進出。直線では粘り込み図るミスティックダンに対し、シエラレオーネとぶつかり合いながら必死に追った。

その差、2馬身、1馬身――。徐々に差が詰まる様を見て、手に汗握ったファンも多かったことだろう。最後は3頭の馬体がぴったり並んだところがゴール。しかし、写真判定の結果は「ハナ」+「ハナ」の僅差で3着だった。ペースが流れた分、結果的には位置取りは向いたのかもしれないが、着差がわずかだけに悔しい。日本馬にとって歴代最高着順でも「もしスタートが決まっていれば…」とタラレバを言いたくなるレースになった。

関係者も唇をかんだ。矢作芳人調教師は「ただひと言、悔しいです」と声を震わせながら絞り出し、坂井騎手も「悔しいのひと言です」と同じ言葉を並べた。ただ、フォーエバーヤングはまだ若い。「世界一の馬になれるように」と矢作師は前を向く。次なる目標はBCクラシック制覇。それもまた、日本競馬にとって悲願のタイトルなのだ。

（中川兼人）

ダノンデサイル

皐月賞回避を布石とした大逆転のダービー馬

2021年生まれ
牡
栗毛

2024年の日本ダービーは、東京競馬場でダノンデサイルの単勝馬券を握り締めながら叫んでいた。私自身の約10年の競馬人生において、最高の思い出となった。

ダノンデサイルに注目するようになったのはデビューから3戦目、23年11月の京都2歳S。14頭中11番人気の評価であったが、力強い脚を見せ、上がり最速での4着。直線での不利がなければ勝っていたかもしれない。次は年明け24年1月半ばの京成杯。百日草特別でしびれる脚を見せていたアーバンシックの追い込みを凌いでの快勝であった。この走りを見て、京成杯と同じ舞台の皐月賞でも良い勝負ができるのではないかと感じた。

迎えた4月半ばの皐月賞。ダノンデサイルの馬券を買おうか悩んだが、その時は1着というイメージは持てず、別の馬を本命にした。レース直前、ダノンデサイルが馬体検査→競走除外とのアナウンス。無事で何よりであったが、横山典弘騎手が皐月賞という大舞台でダノンデサイルの異変に気づき、走らせない決断をしたことは衝撃であった。

その皐月賞はジャスティンミラノが快勝し3戦3勝で日本ダービーの最有力候補となった。しかし、ダノンデサイルがもし走っていたら——。日本ダービーの予想をする上で、皐月賞を

父　エピファネイア
母　トップデサイル
母の父　Congrats

戦績　[3-0-0-2]
日本ダービー
距離適性　中距離
脚質　先行

走っていないこの馬が「不気味な存在」として、頭から離れなくなった。

日本ダービーの数日前、比較的上位人気と想定されていたアーバンシックと対戦した京成杯を見返した。レースぶりはさることながら、結果もダノンデサイルが勝利しているにもかかわらず、この2頭の評価が日本ダービーにおいては逆転していた。想定オッズにもかなりの差があり、いわゆる「オッズ妙味」があるなとも思った。

皐月賞を走っていないため、他馬との力関係が分からない部分も多い。でも分からないからこそ、京都2歳Sや京成杯で感じた強さに賭けてみたい、そう考えるようになった。

日本ダービー当日、友人と東京競馬場へ行った。競馬はダービーを中心にまわっていると言われるにふさわしい空気の中、刻々と15時40分が近づき緊張が高まる。買った馬券はダノンデサイルとコスモキュランダの単勝でともに赤い帽子。スタートしてダノンデサイルが前目の内に位置を取り、まずは良い位置につけたように思えた。１０００m通過が1分2秒2と比較的ゆったりしたペース。直線で外の方から追い上げてくるコスモキュランダが見えたので、そちらに気を取られていたら、内から抜け出す赤帽が見えて、一瞬目を疑った。

抜け出してからゴールまではひたすら何かを叫んでいたが、興奮のあまり内容は覚えていない。ゴール後はしばらく手が震えていた。皐月賞競走除外からの日本ダービー勝利。こんなドラマが見たいから、競馬はやめられない。

（マリ・馬券主婦）

コラム

ドラマを演出する 道悪巧者の個性派たち

異常気象の影響か、数年前までは考えられなかった天候に見舞われることが増加。以前より芝の育成技術が進歩した現代でも、馬場状態が重以上＝道悪でレースが行なわれることは少なくない。ところが、そんな逆境を力に変える「道悪の鬼」と呼ばれた馬がいた。

1989年の弥生賞を制したレインボーアンバーは道悪の鬼だった。2月半ばから度々道悪開催となったこの年、弥生賞当日も関東地方は大雨に見舞われた。当時は芝の育成技術が現在ほど進歩しておらず、中山競馬場の芝コースは泥田のように悪化。圧倒的支持を集めた3歳王者サクラホクトオーを筆頭に、出走馬の大半は馬場に脚をとられ失速した。そんな中、早目先頭から直線、内ラチ沿いに誘導されたレインボーアンバーは坂下から一気に加速。最終的には2着ワンダーナルビーに大差をつけ圧勝したのである。

ここまでダート戦を2勝していたとはいえ、雨を切り裂くように突き進む姿は圧巻。同馬はその後、良馬場の菊花賞でも2着と好走し、世代トップクラスの実力を証明している。

一方、翌90年も不良馬場となった弥生賞を制したのが、同じアンバーシャダイ産駒のメジロライアンである。クラシックの中心的存在となりながら栄光に一歩届かず、91年の宝塚記念で待望のGⅠ制覇を果たしたメジロライアンは道悪が大の得意。当時、菊花賞トライアルとして行なわれていた京都新聞杯でも重馬場ながらレコード勝ちを収めると、結果的に現役最後のレースとなった日経賞も重馬場を苦にせず完勝。道悪の成績は4戦3勝だった。

また、産駒も巧者ぶりをしっかりと受け継ぎ、メジロブライトは重馬場のステイヤーズSを大差圧勝。同期のメジロドーベルも、重馬場のオークスと府中牝馬Sを制している。

そんなライアンに、道悪で唯一土をつけたのがライバルのメジロマックイーン。重馬場の菊花賞でライアンやホワイトストーンを抑えて優勝し、一気にスターダムを駆け上がったマックイーンがこの年勝利した4レースはいずれも道悪。ただ、同馬が最も道悪巧者たるところを見せつけたのは、なんといっても翌91年の天皇賞・秋だろう。

12年ぶりに不良馬場での開催となったこのレースで、マックイーンが2位入線のプレクラスニーにつけた着差は実に6馬身。直線は後続を突き離す一方的な展開となり、嫌というほど道悪巧者ぶりを見せつけた。ところが、スタート後間もなく審議の青ランプが点灯しており、他馬の進路を妨害していたことが判明。あえなく18着に降着となってしまった。

ちなみに、データが残っている86年以降、道悪重賞の最多勝馬は平地のマイラーズCと中京障害Sを3連覇したメジロワース。メジロの馬は総じて道悪が上手かった。

（齋藤翔人）

レイパパレ

無傷6連勝で牡馬三冠馬を撃破した快速女王

2017年生まれ
牝
鹿毛

デビューが3歳1月となったレイパパレは、チャレンジCまで無傷の5連勝を果たした。印象的だったのは4連勝目の大原S。ハナを切ると持ったままで先頭ゴール。上がりタイムはメンバー中2位の35秒0であり、「この先が楽しみ」と思える走りをしてくれた。

チャレンジCで重賞初制覇を飾ると、次走で大阪杯に挑戦。無敗三冠馬コントレイルを筆頭にGI3連勝中のグランアレグリア、2走前に毎日王冠を制したサリオス、ダービー馬ワグネリアンなど格上馬との争いとなった。スタートで1馬身ほど出遅れ「ダメか」と思いきや、1コーナー手前でハナを奪うと後続を寄せ付けない4馬身差の圧勝をしてみせる。堂々の6連勝を果たしただけでなく、2着との着差は過去最大だった。

しかし、レイパパレの勝利はこれが最後となる。次走の宝塚記念でクロノジェネシスの3着に敗れると、その先8戦するも勝利は得られなかった。敗因は様々だが、他馬からマークされる存在になったことは大きかった気がする。

引退後、レイパパレはサートゥルナーリアと配合、24年3月に初仔となる牡馬を産んだ。母と同じように逃走して後続を突き離してもらいたい。

（後藤豊）

父　ディープインパクト
母　シェルズレイ
母の父　クロフネ

戦績　［6-2-1-6］
大阪杯
距離適性　中距離
脚質　逃げ・先行

イグナイター

世界へと飛び立った、兵庫の「点火装置」

2018年生まれ
牡
鹿毛

育成牧場にいた頃、一度スイッチが入ると中々止まらなかったことから「点火装置」を意味する馬名を付けられたイグナイター。馬房の壁に何度も穴を開け、曳《ひ》く厩務員の踵《かかと》の轍《わだち》ができるほど強いパワーを秘めていた一方、エサの上にボロをして食べられなくなったり、柵が斜めになっていただけで驚いて反転するなど愛くるしい一面もあるという。

だがレースでは中央馬顔負けのスピードを披露。黒船賞、かきつばた記念とダートグレード競走を連勝しNARグランプリ年度代表馬に輝くと、翌2023年はJBCスプリントで兵庫競馬悲願のJpnI制覇を達成した。新子雅司調教師にとっては、8年前に管理するタガノジンガロを急性心不全で失った舞台でもあったため、「きっとジンガロが後押ししてくれたんだと思います」と涙をこらえながら語る姿が印象的だった。

24年には兵庫勢として初めてドバイに挑戦。栗東の検疫施設の使用を許可され、ドウデュースが調教で先導したり、荷物置き場を挟んで隣の馬房にいたシャフリヤールの担当者から現地情報を教わるなど、中央と地方の人馬の垣根を越えた交流に助けられ、レースでは5着に善戦した。これからも様々な人たちの想いを乗せ、イグナイターは走り続ける。（張凡夫）

父	エスポワールシチー
母	ビアンコ
母の父	ウォーニング
戦績	［12-5-2-9］ JBCスプリント
距離適性	短〜中距離
脚質	逃げ・先行

ヨカヨカ

1%から生まれた灼熱のスプリンター

2018年生まれ
牝
黒鹿毛

プロスポーツは「地域性」と切っても切れない関係にある。野球でもサッカーでもチーム名には本拠地の地名が付く。そういえば、大相撲中継でも取組前に両力士の出身地が読み上げられる。どこで生まれ、どこで育ち、どこを本拠地にプレーしているか。そんなバックボーンがファンの愛着や思い入れを引き起こす。ホーム、地元のサポートは温かい。

競馬ではどうか。そもそも、日本で生産されるサラブレッドの98%は北海道生まれ。ディープインパクトもアーモンドアイも道産子だ。しかしわずか1%、九州出身の馬も存在する（そのほか青森が約1%、栃木や茨城でも生産）。その1%から現れたのが熊本県・本田土寿牧場生産のヨカヨカ。デビューから3連勝、阪神JFではソダシと邂逅《かいこう》し0秒4差5着と夢を見せた。「火の国」で生まれ育ったから…かは分からないが、この快速牝馬は灼熱の競馬に滅法強かった。九州産で16年ぶり、熊本産として史上初のJRA平地重賞制覇を果たした北九州記念など、夏の小倉では4戦3勝。もし彼女が人語を喋れたら、きっと優勝インタビューで「地元のファンの声援が力になった」なんて答えてくれたのではないか。それが叶わないのが競馬のままならないところであり、また粋なところでもあると思うのだ。

（鈴木ユウヤ）

- 父 スクワートルスクワート
- 母 ハニーダンサー
- 母の父 Danehill Dancer
- 戦績 [4-2-0-4] 北九州記念
- 距離適性 短距離
- 脚質 先行

アカイトリノムスメ

母から受け継いだ名前と素質でGⅠ制覇

2018年生まれ
牝
黒鹿毛

近年で最高の日本語馬名は何かと問われたら、私はアカイトリノムスメを推す。
私は元々、日本語の馬名が好きである。ハルウララやサクラバクシンオーが特に有名かと思われるが、近年も重賞馬カラクレナイやステイゴールドのラストクロップ・ハルノナゴリという馬名に美しさを感じた。しかし日本語の名前は、英字馬名のように母系から頭文字を貰って繋いでいくとか、両親の名前の意味から連想して…ということがやや難しいように感じる。そのため単語自体の響きの良さやおもしろさに重点を置くことが多いわけだが、このアカイトリノムスメという名前は秀逸である。父は三冠馬ディープインパクト、母は三冠牝馬アパパネ。両親ともに同じ勝負服だが、そのデザインに赤はない。
では「赤い鳥」という単語はどこから来たのか？　実は母アパパネの馬名がハワイに生息している赤い鳥の名前からとられているのだ。洋風の馬名から日本語に上手く繋げて響きもかわいらしい、素晴らしい馬名だと思う。その血統に負けないくらいの名前を授かったアカイトリノムスメは、2歳デビューから4戦3勝で母と同じ牝馬三冠戦線へ。秋華賞で優勝し、史上初の母娘制覇を達成している。

（岩坪泰之）

父　ディープインパクト
母　アパパネ
母の父　キングカメハメハ

戦績　[4-1-0-3]
秋華賞
距離適性　マイル～中距離
脚質　先行・差し

ドンフランキー

世界をも驚かせた、記録的「巨漢馬」

2019年生まれ
牡
栗毛

576キロ。体重410キロにも満たない出走馬も珍しくはない6月の新馬戦で、ドンフランキーが記録した馬体重である。同じ新馬戦に出走した最も軽い馬は412キロで、実に164キロの体重差があった。JRAの発表によると古馬の出走時平均体重でも475キロ前後らしく、新馬戦での500キロ台後半という数字がどれほど大きいものかわかる。

その雄大な馬格を活かして馬群の中をパワフルに突き進む姿をイメージする方も多いかもしれないが、ドンフランキーはレースを引っ張って行く逃げの戦法で結果を残してきた。4歳時のプロキオンSでは勢いよく先頭に立つとそのまま逃げの体勢に入り、直線はカペラSの勝ち馬リメイクとの一騎打ちに。追撃をクビ差で振り切り重賞初勝利を挙げているが、この時の馬体重594キロはJRAの重賞勝ち馬最重量記録を更新するものであった。

同年はJpnII東京盃も制し重賞2勝目をあげたドンフランキー。左橈骨遠位端骨折が判明し年末に3カ月半の療養期間を経験するも、復帰後はフェブラリーSを挟みドバイゴールデンシャヒーンに挑戦する。そこでも積極的な競馬でレースを引っ張って2着となり、世界の舞台でも雄大な馬体と実力を見せつけた。

（岩坪泰之）

父　ダイワメジャー
母　ウィーミスフランキー
母の父　Sunriver

戦績　［7-4-0-5］
プロキオンS　東京盃
距離適性　短距離～マイル
脚質　逃げ

ナミュール

一つの出会いに導かれた天才少女

2019年生まれ
牝
鹿毛

2歳から期待されてきたナミュールだが、細い馬体で体質が弱い上、揉まれると脆い面があり、阪神JFや桜花賞でも1番人気ながらGIを勝てずに3歳を終えた。4歳でも春2戦のGIは惨敗、秋のマイルCSは5番人気で迎えた。だが高野友和調教師は自信をにじませる。馬体重は3歳より20キロ増え、心も強くなったナミュールに寄せる、熱い期待が見て取れた。しかし当日、鞍上のR・ムーア騎手が落馬で騎乗不可、というトラブルに見舞われる。

陣営は代役に、藤岡康太騎手を選んだ。初騎乗であったが、康太騎手もナミュールをよく見ていたのだろう、3時間足らずの打合せだったが、陣営は自信をもって彼女を託した。

レース本番、出遅れると康太騎手は腹をくくって最後方を選んだ。勝負どころでごった返す真ん中を抜けんとすると、進路が狭くなる。しかし、この日のナミュールは負けなかった。ライバルたちをはじき返すと一閃、稲妻の末脚を繰り出し、切願していたGI馬となったのである。当日乗り替わってのGI制覇は、これが史上初。康太騎手にとっては、2回目の――そして最後のGI制覇となった。GIの壁は高い。一つの出会いが馬の運命を変えることもある。藤岡康太の名は、この名牝の中でも生きる。

（緑川あさね）

父　ハービンジャー
母　サンブルエミューズ
母の父　ダイワメジャー

戦績　［5-4-2-6］
マイルCS
距離適性　マイル
脚質　追込

ブローザホーン

雨の京都、宝塚記念を差し切った万能型小兵

2019年生まれ
牡
鹿毛

ナリタタイシン、ライスシャワー、ドリームジャーニー。この3頭は「グレード制導入後、馬体重430キロ以下で平地GIを勝った牡馬」（外国調教馬、2歳戦を除く）である。40年の歴史の中でわずか3頭の「軽量GI牡馬」に名を連ねたのがブローザホーンだ。

未勝利戦を勝つのに9戦を要した同馬だが、初勝利を挙げて以降、馬券圏内を外したのは、競走中止を除けば一度のみ。10戦目以降は［6-2-2-1］と目覚ましい成長を遂げている。4歳夏、初重賞の函館記念で3着に入ると5歳の2024年は日経新春杯で重賞初勝利、阪神大賞典3着、春の天皇賞2着、そして宝塚記念を制覇してみせた。

430キロに満たない軽量馬だが重馬場や不良馬場をものともせず、好走距離も1600mから3200m、好走コースも函館・中山・京都・札幌など幅広い。「どんな条件にも対応できる馬」である。

冒頭で挙げた3頭は早い時期から活躍していたが、初重賞、そして初GI制覇が5歳以降の軽量馬はグレード制以降、ブローザホーンのみ。前述のドリームジャーニーは2歳王者となり6歳まで好走を重ねた。5歳のこの馬にも今秋以降、長い活躍を期待したい。（後藤豊）

父　エピファネイア
母　オートクレール
母の父　デュランダル

戦績　［7-3-4-7］
宝塚記念
距離適性　中～長距離
脚質　先行・差し

ソールオリエンス

世代レベルを問う声を蹴散らした皐月賞馬

2020年生まれ
牡
鹿毛

重馬場の皐月賞、4コーナー。ソールオリエンスは未だ17番手に居た。絶望的な位置。しかし直線から突如異次元の末脚で、まとめて差し切り、泥だらけで勝利を飾った。鞍上の横山武史騎手のジョッキーカメラには「すげえこいつ、こりゃすげえわ！」という声。弾むような若武者の声に、聞いているこちらも嬉しくなった。しかしその後、ソールオリエンスは世代頂点の座を示せない惜敗を続けた。そして、武史騎手が鞍上を離れた有馬記念でついに大敗。世代全体が古馬の壁に跳ね返され、そのレベルを疑う声もあがった。ソールオリエンスは、川田騎手、田辺騎手の下で「新味」を探して、もがき苦しむ時を過ごすこととなった。

迎えた4歳の宝塚記念。鞍上は前走から武史騎手に戻っていた。週末にかけての大雨で、京都競馬場は重馬場となった。雨と泥に打たれながら、武史騎手とソールオリエンスは、最後方、ドウデュースの前に控えた。そして4コーナー。内に進路をとるドウデュースを横目に、彼らは大外を回った。あの日の中山のように、激しく泥をはね上げながら。ソールオリエンスはブローザホーンの2着まで脚を伸ばし続けた。相棒の末脚を信じた武史騎手。ソールオリエンスは、泥だらけで、世代の汚名をそそいで見せた。

（緑川あさね）

父	キタサンブラック
母	スキア
母の父	Motivator
戦績	[3-3-1-3]
	皐月賞
距離適性	中距離
脚質	差し

スキルヴィング

ゴールまで耐え抜き絶命した悲運の青葉賞馬

2020年生まれ
牡
黒鹿毛

その瞬間、目を疑った。単勝を買ったスキルヴィングが最後にゴールした直後、ターフ上で倒れた。鞍上のC・ルメール騎手は馬上から咄嗟に降りて馬具を外したが馬は動かず。急性心不全でこの世を去った。その横で、勝ったタスティエーラがファンの声援を受けている。ルメール騎手は木村哲也調教師、担当厩務員とともに愛馬の最期を見つめていた。

未勝利戦を勝った後、ゆりかもめ賞を連勝すると青葉賞でGⅡ制覇。ダービーと同じコース&距離の東京2400mで連勝を果たしていた。「この強さは並みではない」と単勝を買ったが、青葉賞優勝馬が勝てないジンクスも脳裏をよぎった。とはいえ、ジンクスはいつか破られる。スキルヴィングにはそうした能力がある、と思えてならなかった。父はタフネスだったキタサンブラック。母父はダービー2着シンボリクリスエス。母母父はダービー馬アドマイヤベガ。三代母のソニンクの孫はダービー馬ロジユニヴァースである。

彼の姿を見て、この時期の3歳馬に2200m以上のレースが少ない理由を再認識した。ある程度経験を積まなければ、長距離を走ることは厳しいに違いない。それでも「青葉賞馬がいつかダービーを勝つ」と信じて、私はまたダービーの日を迎えるだろう。

（後藤豊）

父	キタサンブラック
母	ロスヴァイセ
母の父	シンボリクリスエス
戦績	[3-1-0-1] 青葉賞
距離適性	中距離
脚質	差し

タスティエーラ

15年クラシックを思い出させる血統の神秘

2020年生まれ
牡
鹿毛

2015年に無敗の3連勝で弥生賞を制しながら、皐月賞6着、ダービー3着とクラシック制覇に手が届かなかった実力馬サトノクラウン。同世代にはドゥラメンテ、キタサンブラックというあまりにも手強いライバルがいたが、古馬になって国内外でGIを2勝した。

その初年度産駒の1頭が、タスティエーラだ。デビュー戦は勝利したものの2戦目で敗れ、父のように無敗でのクラシック挑戦は叶わなくなったが、3戦目の弥生賞で勝利をあげ父仔制覇を達成する。皐月賞では早めに抜け出し父の悲願を達成したかのように思えたが、異次元の末脚を発揮したキタサンブラック産駒ソールオリエンスに差されて2着に敗れた。

牝馬路線はドゥラメンテ産駒のリバティアイランドが二冠を制し三冠も確実視された。その中で迎えたダービーでは、ソールオリエンスが1・8倍の人気。しかしタスティエーラは父の悔しさを晴らすかのように激走。好位からねじ伏せ、ダービー馬の称号を手にした。

そこからは連敗が続き、古馬初戦の大阪杯では11着と2桁着順を経験。だが同時期に父はGI未勝利でありクイーンエリザベス2世Cで12着と大敗している。GI初制覇はその年の冬だ。父の血がタスティエーラに再びの覚醒をもたらす可能性は十分にある。

（横山オウキ）

父　サトノクラウン
母　パルティトゥーラ
母の父　マンハッタンカフェ

戦績　[3-2-0-4]
日本ダービー
距離適性　中距離
脚質　先行

ドゥレッツァ

大外から菊を掴んだ、遅れてきたエリート

2020年生まれ
牡
青鹿毛

ドゥレッツァの3走目は初勝利から5カ月ほど間隔が空いた2023年4月の山吹賞だった。スタートであわや落馬かと思わせるほど大きくつまずいたが、それを感じさせない快勝であり「強い馬がいるなあ」と同馬を追いかけるようになった。その後、ドゥレッツァが2走目の未勝利戦で競り勝ったサトノグランツが京都新聞杯や神戸新聞杯を勝ったことも、ドゥレッツァの強さを裏付けた。

迎えた菊花賞。クラシックの王道を走ってきた同世代との力関係がわからなかった上、淀の長距離では不利と言われる大外に入ったため、C・ルメール騎手でも厳しいのではと感じていた。ところが、好スタートの勢いでラクにハナに立つ。途中3番手に控えたが、無理することなく4コーナーを迎え、最後の直線で抜け出して3馬身半差の圧勝。ルメール騎手の神騎乗もさることながら、間違いなく怪物だと感じた。24年に入ってから、金鯱賞は休み明けと斤量59キロがひびいたのか、プログノーシスに5馬身差の2着。天皇賞・春は軽度の熱中症で4コーナーを迎える前に失速し、レース後に骨折が発表された。骨折自体は軽度との発表で一安心。また大舞台で衝撃を与えてくれる日を楽しみに待ちたい。

（マリ・馬券主婦）

- 父 ドゥラメンテ
- 母 モアザンセイクリッド
- 母の父 More Than Ready
- 戦績 ［5-1-1-2］ 菊花賞
- 距離適性 中〜長距離
- 脚質 逃げ・先行

レーベンスティール

帝王の血を受け継いだ、光り輝く未完の大器

2020年生まれ
牡
鹿毛

2023年7月、ラジオNIKKEI賞の枠順を見て、1番人気レーベンスティールの成績と血統に目が行った。4走前の新馬戦をみると、皐月賞馬ソールオリエンスと同タイムの2着だった。どんな内容だったか、JRAの動画を目にすると、直線でソールオリエンスとのマッチレースとなりクビ差で惜敗も3着以下を5馬身突き離している。「モノが違う馬だ」と感じられた。そして母父は名馬トウカイテイオー。同馬の産駒はトウカイポイントがマイルCSを、ストロングブラッドがかしわ記念を、ヤマニンシュクルが阪神JFを勝ったが、800頭以上を世に送るも産駒の中でGI勝利はこの3頭のみ。近年、出走馬の血統表でトウカイテイオーの名前を目にする機会は年々減っていた。

初重賞で3着に敗れた後、秋初戦のセントライト記念でソールオリエンスと二度目の対決を迎えた。中団を進んだレーベンスティールが直線で末脚を伸ばすソールオリエンスを1馬身ほど突き離し重賞初制覇。菊花賞へ向けて期待が膨らんだが、疲労により出走を回避。次走の香港ヴァーズ8着、新潟大賞典11着の直後、エプソムCを59キロで勝利。古馬三冠での活躍に期待が膨らむ。そしてテイオーの血を後世に継いでいって欲しい。

（後藤豊）

父　リアルスティール
母　トウカイライフ
母の父　トウカイテイオー

戦績　[4-2-1-2]
セントライト記念　エプソムC
距離適性　中距離
脚質　先行・差し

ジャスティンミラノ

「康太！」の声を後押しに加速した皐月賞馬

2021年生まれ
牡
鹿毛

新馬戦と共同通信杯を連勝後、皐月賞に出走したジャスティンミラノ。直線において、前を走るジャンタルマンタルとの差をみると「さすがに届かない」と思われたが、一完歩ごとに差を詰めると、ゴール前で半馬身ほど先着。このとき、管理する友道康夫調教師は、愛馬の激走を見ながら「康太！　康太！」と連呼したという。

皐月賞の4日前。この馬の調教に乗り続けてきた藤岡康太騎手が落馬事故で亡くなった。ジャスティンミラノの末脚は、まるで彼が後押ししたかのように感じられた。勝利インタビューで号泣した友道師、騎乗した戸崎圭太騎手や調教助手の藤本純氏など、多くの関係者が「康太のおかげです」と異口同音に語った。友道師の回想によると、デビュー前から同馬に乗ってきた藤岡康騎手は、皐月賞の1週前調教の直後、「この馬は3歳の勢力図を変えるかもしれない」と語っており、騎乗する戸崎騎手に細かな情報まで伝えていた。

ジャスティンミラノはオンとオフの切り替えが上手だという。厩舎内ではおとなしいが、調教前には走りたくて気合いが入る、と関係者。競馬史に刻まれる馬に育ててくれた亡きパートナーのために、この先も感動の走りを見せていって欲しい。

（後藤豊）

父	キズナ
母	マーゴットディド
母の父	Exceed And Excel
戦績	［3-1-0-0］ 皐月賞
距離適性	中距離
脚質	先行

第2章 忘れたくないあのときの夢 2010年代

2010

ヴィクトワールピサ

勇気を与える胴白、青縦縞、袖赤、青一本輪

2007年生まれ
牡
黒鹿毛

2011年2月27日、中山競馬場。この日のメインは中山記念。ここを単勝1・4倍の1番人気で制したのはヴィクトワールピサだった。

前年皐月賞を制し、日本ダービーを3着に敗れると秋は菊花賞ではなく凱旋門賞に挑戦。斤量的には3歳馬に有利と言われ、初めてその年のクラシックホースが挑むとあって期待を集めるも7着に敗れた。帰国初戦のジャパンCで3着に入ると次走有馬記念では1番人気ブエナビスタの猛追をハナ差凌《しの》いで優勝した。

この当時、有馬記念を制した馬の春の目標は天皇賞・春か宝塚記念となるケースが多かったが、陣営の選択はいずれでもなくドバイワールドC、再びの海外挑戦であった。この中山記念はその前哨戦とされ、他を寄せ付けない完勝を見せて期待を高めた。

この年のドバイワールドCはヴィクトワールピサ以外にも、最強牝馬の呼び声が高いGI5勝馬のブエナビスタと中央のダートGIを全て制したトランセンドも出走を表明。

得意馬場や脚質とタイプの異なる実力馬3頭が出走、しかも馬場は芝でもダートでもないオールウェザーとどの馬にもチャンスあり。いずれかが日本馬として初制覇するのではない

父 ネオユニヴァース
母 ホワイトウォーターアフェア
母の父 Machiavellian

戦績 ［8-1-2-4］
ドバイワールドC　有馬記念　皐月賞
距離適性 中距離
脚質 差し

かと競馬ファンは期待し、1カ月後の本番に期待を膨らませていた。

――その日までは。

3月11日に発生した東日本大震災は関東、東北地方に甚大な被害を与えた。競馬界でも被害は大きく中央競馬は3月中の中山競馬の開催を全て取りやめ、地方競馬も岩手は競馬場の損傷の改修が終わるまで開催できず、南関東は震災直後より開催中止。帯広のばんえい以外、東日本から一時的に競馬の火が消えてしまった。

新聞やテレビと言ったマスメディアは地震災害報道一色。スポーツイベントも中止や延期が相次ぎ競馬どころかスポーツニュース自体を取り上げる事すら減った。

競馬を楽しむどころではない。そんな空気が漂う。

そんな中、日本から遠く離れたドバイのメイダン競馬場で27日、ドバイワールドCは予定通りにスタートした。まずは予想通りにトランセンドがハナを奪って先頭、追い込みにかけるブエナビスタは後方を行き、これも予想通り。しかし、予想とは違う走りを見せたのがヴィクトワールピサ。後方待機策のブエナビスタのさらに後ろ、最後方を走っていた。ゲートが開いた瞬間に頭をぶつけて出遅れるというアクシデントを受けていたのだ。そんな中、鞍上のM・デムーロ騎手は驚きの騎乗を見せる。

向正面に入るとすーっとヴィクトワールピサを大外から前に進出させて行った。先行集団に取りつく事はせずにさらに前へ前へ。ついには先頭を行くトランセンドと並走を始めた。ペースが遅いと読んだデムーロ騎手の判断。

出遅れた後に一気に先頭を窺う進出。

ともすればちぐはぐで暴走とも見られかねない騎乗だが2頭は他馬に飲み込まれる事なくコーナーを回って直線に。

トランセンドが体半分ほど前に出ているがヴィクトワールピサが直線で交わす。そこにトランセンドが食い下がる。さらに地元のモンテロッソが迫る。しかし、先頭どころか2番手との差すら縮まらない。カクテルライトと大歓声に包まれてヴィクトワールピサはトランセンドに半馬身差をつけてゴール。史上初のドバイワールドC制覇を日本馬のワンツーフィニッシュで飾った。

震災で沈んだ空気となり、未来も見出せない闇の中で中東ドバイから強烈な光となった勝利。競馬ファンやホースマンはもとより、光を求める震災下の日本を大いに勇気づけた。

そして、そんな素晴らしい勝利を見て、勇気よりもプレッシャーを覚えていた騎手が地方にいた。

松戸政也騎手。地方・金沢競馬所属、デビュー7年目24歳（当時）の若手である。

この松戸騎手、11年の開幕から自身の勝負服のデザインをヴィクトワールピサと同じもののに変更申請していたのだ（中央は馬主が、地方は騎手がデザインを決める）。

今までの勝負服デザインがしっくり来ないと感じていた時に目にしたのが皐月賞のヴィクトワールピサ。その走りを純粋にかっこよく感じ、思い切ってアレンジではなくそのままのデザインにしようと思って変更した。金沢競馬の開幕前に自ら中山記念に赴き、客席から改めてその強さに心を震わせた。そして訪れた、燦然と輝く世界制覇――。

図らずも世界を制した馬と同じ勝負服になり、高まるプレッシャー。

しかし、松戸騎手はそれに恥じないように金沢で結果を残すとこの勝負服で奮起。翌12年には勝利数を倍増させ、重賞初制覇も飾る活躍をみせた。この勝負服に変えてよかった、と松戸騎手は語り、今もなおこの勝負服でレースに挑んでいる。

あの日、東日本大震災で傷つき下を向いていた日本人に再び前を向いて立ち上がる勇気を与えたヴィクトワールピサ。時が流れ24年、能登半島地震で傷ついた石川県の金沢競馬場をあの時と同じデザインの勝負服が駆けている。それはまるで「天災に負けず元気でいこう」と言っているかのようだ。スタンドには、笑顔のファンから声援が飛ぶ。スケールは違えど、あの時のヴィクトワールピサに思いを馳せて、頑張っていこうという勇気と競馬を楽しめる日常を味わわせてくれている。


（淀乃三千）

キズナ

逆境に打ち勝つ希望の末脚

2010年生まれ
牡
青鹿毛

2010年に生を受けたキャットクイルの8番仔、二冠牝馬ファレノプシスの半弟はノースヒルズのこの世代一番馬としてすくすく育ち、後に「キズナ」という名を授かる。おりしもデビューの前年には東日本大震災と、それに伴う福島第一原発の事故が発生。未曽有の逆境を乗り越えるために「絆」という言葉が旗印となった。家族との絆、隣人との絆、復興支援という国家間の絆。そんな紐帯が改めて意識された時期だった。

名は体を表すというべきか、キズナの現役生活は何かと「逆境」に縁があった。デビューからの2戦を1番人気で連勝したところまではよかったが、その半月後には主戦を務めてきた佐藤哲三騎手が落馬事故で重傷を負い、鞍上交代を余儀なくされる。新たに迎えたのは日本競馬界の第一人者・武豊騎手。しかし当時、彼は華々しいジョッキー人生の中で唯一と言える低迷期にあった。10年の落馬による戦線離脱を境として成績が下降。ピーク時は年間200勝を超えた天才騎手が、10年は69勝、11年は64勝、12年は56勝と苦しんでいた。

コンビ初戦となったラジオNIKKEI杯2歳Sでは終生のライバルとなる良血馬エピファネイアと初顔合わせ。7頭立ての少頭数でどの馬も逃げたがらず1000m通過66秒0の

父　ディープインパクト
母　キャットクイル
母の父　Storm Cat

戦績　[7-1-2-4]
日本ダービー
距離適性　中距離
脚質　追込

超スローペースで進むと、直線はバッドボーイを含めた3頭での追い比べに遅れて3着に敗れた。重賞は2着までなら収得賞金が加算され、既に2勝を挙げていたキズナなら事実上クラシック出走を確実にできたのだが、わずかに及ばなかった。

年が明け、次走は皐月賞トライアルの弥生賞。3着以内での優先出走権獲得が至上命令というレースである。ところが、中団待機から4角で外に出すことができず、狭い馬群の中に突入する苦しい形。進路を切り替えながら少しずつ伸びるも、脚を余し気味のゴールで0秒1差5着に終わる。僅差でも5着は5着。まさかの敗戦で皐月賞の出走権を逃してしまった。

しかし、一度の挫折で全てが終わるわけではない。ダメでもまた立ち直ればいい。一つの目標が叶わなければ、次善のゴールを設定して必死に目指せばいい。道は探せば残されている。それが競馬だ。いや、競馬に限った話ではなく、人間にとっても同じかもしれない。キズナはここから、いわゆる「裏街道」を通って日本ダービーへと進む。

毎日杯は単勝1・5倍の圧倒的な支持を受けて、道中はじっくり後方待機。直線は小細工不要と言わんばかりに大外へ持ち出し、前を行く全馬をごぼう抜き。最後は流して3馬身差、上がり34秒3はメンバー中最速で、同2位の馬を1秒1上回る強烈な末脚。追い込みというレーススタイルが確立される一戦となった。続く京都新聞杯も最後方待機から4角は大外を回して徐々に進出。周囲が止まって見えるような鬼脚で重賞連勝を飾り、一時は危ぶまれたクラシックへの出走に辿り着いた。

日本ダービーはこれまで二度戦い、どちらも先着されたエピファネイアとの再戦。それでもファンはキズナを1番人気に支持した。もとい、武騎手が「1番人気で勝ちたい」と言ったので、ノースヒルズの前田幸治代表が単勝馬券を買いこんだ、という逸話もある。

自分のスタイルを確立したキズナにもう憂いはなかった。ゲートが開き、我先にと有利なポジションを争う他馬を尻目に、後方で虎視《こし》眈々《たんたん》と勝負のときを待つ。直線は外へ持ち出して進路を確保し、あとは前を追うだけの態勢。先行したアポロソニック、ペプチドアマゾンが粘るところへ皐月賞馬ロゴタイプが並びかける。そしてエピファネイア。——さらに外から1番のキズナだ。青鹿毛の馬体が好敵手を半馬身捉えたところがゴール。前人未踏の日本ダービー5勝目を挙げた武騎手は、レース後のインタビューで東京競馬場の大観衆に向け、「僕は、帰ってきました!」と高らかに宣言した。皐月賞への道が断たれてから、わずか2カ月半の逆転劇だった。

大仕事をやってのけたキズナは、秋に海外遠征を敢行。目標はもちろん凱旋門賞だ。その前哨戦ニエル賞では、後に欧米、香港の2400mGI戦線で息長く活躍するフリントシャー、競馬発祥の地イギリスのダービー馬ルーラーオブザワールドに勝利。日本競馬のレベルアップを欧州に見せつけた。続く凱旋門賞では稀代の名牝トレヴにこそ離されたが、ともに遠征していた日本の三冠馬、2着オルフェーヴルからはクビ＋2馬身差の4着に善戦。3歳馬としては十分すぎる結果といえよう。

翌年、4歳初戦の産経大阪杯でエピファネイアと四度目の対戦を迎える。前年限りで現役を退いたオルフェーヴルに代わる、新たな牡馬の総大将を決める戦い。少なくとも私はそんな風に解釈していた。折り合いに苦しむエピファネイアをマークするように運び、直線は軽々と差し切って現役牡馬最強をアピールした。しかしその矢先、再び逆境が襲いかかる。天皇賞・春へ駒を進めるも4着に敗れ、レース後に重度の骨折が判明したのだ。それでも9カ月後に京都記念で戦線復帰。同年にGIを2勝するラブリーデイとタイム差なしの3着に入ると、産経大阪杯2着、天皇賞・春7着をもって引退した。

結局、全盛期の強さを取り戻すことはできなかったが、故障を乗り越えて再び表舞台に戻った闘志、そしてそこへ導いた陣営の尽力には敬意を表したい。と同時に、もし怪我がなければどれほどの名馬になっていたのか、そんな妄想がはかどる1頭でもある。GIをいくつも勝ち、凱旋門賞でもチャンスがあったのではないか。現に種牡馬としてジャスティンミラノやソングラインを輩出し、そのポテンシャルの高さを証明しつつある。いつの日か父を超え、果たせなかった海外GI制覇を成し遂げる産駒が登場すると信じている。

（鈴木ユウヤ）

モーリス

落札価格は約160万円、砂漠で見つけた宝石

2011年生まれ
牡
鹿毛

知り合いの馬主が、次のようなセリフを口にした。「モーリスのような馬を持ちたい」。馬主になって15年以上が経過するも、JRAでの勝利数は5勝ほど。年に1頭もしくは2頭ほどを所有する「零細馬主」である。

モーリスに魅了される理由は「価格」にある。1歳時の落札価格は約160万円。翌年の北海道トレーニングセールでは1050万円で落札された。デビュー前はほぼ注目されなかったにもかかわらずGIを6勝、獲得賞金は10億円を突破した。種牡馬入り後もピクシーナイト（スプリンターズS）やジェラルディーナ（エリザベス女王杯）、ジャックドール（大阪杯）など5頭のGI馬を輩出。産駒のJRA重賞勝利は5年間で18勝にも及んでいる。文字通り「砂漠で見つけた宝石」である。

馬主が続ける。「母メジロフランシスは重賞4勝を挙げたメジロモントレーの8番仔だったけど8戦すべて着外だった。兄弟で活躍したのはメジロアトラスだけ。モーリスはメジロフランシスの6番仔だったけど、5頭の兄姉のうちJRAでの勝利はメジロポッターの1勝だけ。血統的な注目点などまるでなかったのに、スクリーンヒーローとの交配で大化けした。

父　スクリーンヒーロー
母　メジロフランシス
母の父　カーネギー

戦績　[11-2-1-4]
安田記念　マイルCS　香港マイル
チャンピオンズマイル　天皇賞・秋　香港C
距離適性　短～中距離
脚質　先行・差し

しかも、スクリーンヒーローはジャパンCを制していて、母母メジロモントレーは牝馬ながらアルゼンチン共和国杯を勝っている。スタミナ×スタミナの交配から産まれたモーリスが（天皇賞・秋と香港Cに加えて）短距離GIを4勝。父母のイメージとはかけ離れていて、こうした突然変異の天才が生まれるのも競走馬の不可思議であり魅力だね」

血統図をみると、父母母ダイナアクトレスは短距離重賞を4勝し安田記念2着。この血が隔世遺伝されたのかもしれない。

新馬戦で2着を3馬身離し圧勝したモーリスだが、そして京王杯2歳S6着、シンザン記念5着。クラシック出走を狙ったスプリングS4着、続く京都新聞杯は7着。2〜3歳時は2勝に終わった。後にGI6勝を挙げる名馬とは思えない成績である。

このころは体質的に弱く、調教を積み重ねることが難しかったようだ。2歳時にトレーニングセールでの試走で無理をした結果、3歳時に不調を迎えたのかもしれない。

4歳になり美浦・堀宣行厩舎に転厩すると別馬のようになった。8カ月ぶりの若潮賞で3馬身差の圧勝をすると、続くスピカSでは出遅れて後方からの競馬に。前が有利なスローの流れを大外ぶん回しての勝利。続くダービー卿CTでも、前年のスプリングSで先着を許したクラリティシチーに3馬身半差で重賞初制覇。GI初挑戦の安田記念は先行策からスピードを維持して4連勝。

デビュー時から一変した好走の要因は、堀厩舎が背腰に負担のかからない調教を積み重ねたことだった。

トレーニングセールで魅せた豪脚が開花したモーリスは、4歳秋にマイルCSをぶっつけで制覇。同一年に春秋マイル王となった馬は史上6頭目（ニホンピロウイナー、ノースフライト、タイキシャトル、エアジハード、ダイワメジャー）だった。さらに香港マイルも制してGⅠ3連勝を達成。タイキシャトル（98年）、ロードカナロア（13年）以来となる短距離馬の年度代表馬に選出された。

5歳になると再び香港へ渡りチャンピオンズマイルも制覇。安田記念では前年に続く連覇が期待されるも2着惜敗。続く札幌記念も2着だったが、秋の天皇賞を制してGⅠ5勝目を挙げると、引退レースとなった香港Cも制してみせた。

引退後、種牡馬入りしたモーリスだが種付け料は初年度から400万円とさして高額ではなかった。初年度はブエナビスタを筆頭に名牝と数多く配合されたが、クラシックロードを走った馬はいなかった。

しかし、ジャックドールが3歳夏以降に連勝を遂げ、さらにピクシーナイトがスプリンターズSを勝ち、ジェラルディーナがエリザベス女王杯を制した。同世代のノースブリッジも重賞2勝を挙げると評価は高まり、種付け料は5年目から倍増され現在は800万円。種牡馬の種付け料としては現役8位に浮上した。

24年もマテンロウスカイが中山記念を、ダノンマッキンリーがファルコンSを勝ち、産駒の国内の重賞勝利数は19勝となっている。

ただしクラシックを制した馬はいない。父と同じく遅咲きタイプであることが、種付け料のさらなる高騰につながらないのかもしれない。「王道の裏を歩む馬」であり、産駒の多くは3歳を過ぎ、古馬になって力をつけている。

しかし、時代を変える種牡馬とは、モーリスのような突然変異的な馬が多い。ノーザンダンサーやサンデーサイレンスもそうしたタイプだった。

モーリス産駒から三冠馬が誕生して欲しいと願っている馬主は、次のように語ってくれた。

「仮に僕がモーリスを所有したとしても、GIを6勝などできなかったと思う。なぜなら、僕は一流調教師とのツテがないからね。恐らくだけど、最初の馬主のように、150万円ほどで購入して1050万円で売却するのが精一杯だね」

競馬界で実績を残している馬主の多くは、名のある厩舎や生産牧場との繋がりを持っている。人間関係が重要となる世界で結果を残すために、この馬主は日々、北海道の牧場に足を運び、新たな人間関係を作っている。

（後藤豊）

ドゥラメンテ

"duramente"に走りぬけた、早逝の二冠馬

2012年生まれ
牡
鹿毛

「名は体を表す」とはこの馬のことを指すのだろう。ドゥラメンテのキャリアを振り返ると私はこのことわざを思い出す。

ドゥラメンテ（duramente）という馬名はイタリア語で「荒々しく、はっきりと」という意味がある音楽用語から名付けられたという。ノーザンテースト、トニービン、サンデーサイレンス、そしてキングカメハメハと血統表には日本屈指の大牧場、社台グループの粋を集めたかのような種牡馬たちが名を連ね、さながら良家の坊ちゃん感のある血統構成の持ち主には似つかないくらいのヤンチャな馬名だったが…、デビュー早々からその馬名通りの走りを見せてくれた。

まずは2歳秋に迎えたデビュー戦のパドック。前脚を大きく上げながら歩くという独特な歩様を見せ、ファンたちからの注目を集めた。レースでは出遅れてしまい、上がり3ハロン33秒7というメンバー最速の末脚を見せるも、あと一歩届かず2着に惜敗。残念ながらキャリア初戦は黒星スタートとなったが、後に「パカパカ歩き」と称された独特な歩き方と激しい気性、そして鋭い末脚は強烈な印象を与えた。

父　キングカメハメハ
母　アドマイヤグルーヴ
母の父　サンデーサイレンス

戦績　[5-4-0-0]
皐月賞　日本ダービー
距離適性　中距離
脚質　先行・差し

続く未勝利戦ではR・ムーア騎手を背に好位につけて早めに抜け出すと2着馬に6馬身差の大差をつける派手な内容で初勝利を挙げたが、この時もゲートで立ち上がるというヤンチャぶりを披露。レース後には発走調教再審査が課せられるなど、デビュー戦以上に荒々しすぎるエピソードを残している。

そんなドゥラメンテのヤンチャっぷりは3歳になっても相変わらず。ゲート内で駐立させる訓練を施し、再審査をパスして臨んだ年明け初戦のセントポーリア賞ではまたも出遅れた。それでも先行する馬たちを中団の前目につけて追走すると、直線ではこれまた上がり最速の脚で突き抜けて勝利。2着馬には5馬身差をつける豪快な勝ちっぷりを見せた。しかし、続く共同通信杯はいつになく好スタートを見せたかと思いきや、すぐさま引っ掛かり、中継では行きたがっているドゥラメンテを鞍上の石橋脩騎手が懸命に抑える様子ばかりが映し出された。

コーナーごとの位置取りが3－7－7だったようにチグハグとしたレース運びになってしまったことが影響してか、直線ではもう一歩伸びずにリアルスティールの2着と完敗を喫してしまった。

勝つときは気持ちいいくらいの圧勝を見せるだけにポテンシャルの高さは間違いないが、負けた2戦はいずれも気性の激しさが原因のもの。せっかくの能力を出し切れないのではクラシック制覇は厳しいのではと思わせたが…ドゥラメンテは大舞台でこそ本領を発揮した。

そんなドゥラメンテ〝らしさ〟が全開になったのが皐月賞だった。獲得賞金的に出走が厳しいとされていた中で滑り込んだ立場ながら、そのポテンシャルの高さを信じたファンから3番人気に支持され、ここでもいつものパカパカ歩きを披露して、スタートでは例のごとく出遅れる。小回りコースの中山競馬場のレイアウトを考えると厳しいレースになると思われたが、勝負どころで追い上げていくと、そのスピードによる勢いが強すぎたのか、4コーナーでは内側から大外へと大きくスライド。他馬の進路を塞ぐほどに膨れ上がり、大きな距離ロスをしてしまった。

ここでもヤンチャっぷりが仇となったかと思わせたが、ドゥラメンテは最後の直線で目を見張る伸び脚を披露。大外からドスンドスンと言わんばかりのパワフルな走りはまるで獲物を追いかけるティラノサウルスのような迫力。気がつけば共同通信杯で敗れたリアルスティールをあっさりと交わして抜け出し、1馬身半の差をつけて完勝。クラシック一冠目を勝ち取ってみせた。

この勝利が自信となったのか、続くダービーでは中団の外目につけてロスのない走りを見せ、直線でも早めに先頭に立って後続の追撃を押し切るという堂々たる内容であっさりと二冠達成。

ちょっと前までのヤンチャっぷりがウソのような王者の走りを見せてくれた。

ほんの1カ月半でこれだけ大人になったのだから、ひと夏を越えたらもっとすごい馬になるのでは？　と誰もがドゥラメンテの将来に期待したが、ダービー後に骨折が判明。クラシック三冠達成、もしくは凱旋門賞への挑戦が期待されていたが、長期休養を余儀なくされた。

ドゥラメンテは復帰戦となった中山記念を快勝。ライバルのリアルスティールを半馬身ほど下して復帰をアピールすると、次走のドバイシーマクラシックでは馬場入場後の落鉄というアクシデントの影響もあって2着。さらに帰国初戦に選んだ宝塚記念でも先に抜け出したマリアライトに届かず2着と惜敗が続いた。

宝塚記念のレース後、同馬は騎手が下馬するほど歩様が乱れてしまっていた。後に靭帯、腱の損傷で競走能力を喪失したとの診断が下る。わずか9戦で競走馬としてのキャリアを閉じることになった。

種牡馬になったドゥラメンテはタイトルホルダーやリバティアイランドといった活躍馬を輩出したが、急性大腸炎で2021年の夏に9歳でこの世を去った。荒々しい上に太く短い生涯となったが、ドゥラメンテが放ったまばゆいばかりの輝きはまさにアイドルホースの輝きそのものだったと言えるだろう。

（福嶌弘）

2
ドゥラメンテ

2015年　第75回
皐月賞
優勝　ドゥラメンテ

国内屈指の良血が直線一気。
運命をこじ開ける奇跡の咆哮。

祖母エアグルーヴ、母アドマイヤグルーヴの超良血馬、ドゥラメンテ。
荒削りながらも前代未聞の末脚でキタサンブラックらを差し切った。

メロディーレーン

小さな体に満つ、父母のくれたスタミナ

2016年生まれ
牝
鹿毛

6年前の秋。新馬戦に出走した1頭の馬の馬体重を目にして「ウソだろ」と思わされた。画面に示された数値は336キロ。他馬と見比べても一回りほど小さい。どんなレースをするのか興味がわき、単勝を100円買ってみるも最後方からレースを進めて10着敗退。とはいえこのレースでもっとも馬体重が重かったスパンキーワールドとはクビ差の競馬であり、その馬名が脳裏に刻まれた。

その小柄な牝馬の名はメロディーレーン。3戦目の2歳未勝利戦で単複を買うと12頭立て12番人気ながら3着。複勝配当は47倍もついた。同レースでの馬体重は340キロ。5戦目の330キロは11年4月9日のグランローズに並ぶJRA出走馬の最軽量体重である。ちなみに最高馬体重は15年1月17日のショーグン・640キロであり、同馬のおよそ半分という軽量馬。相撲に例えるなら「曙と戦った舞の海」だ。

母のメーヴェはイギリスで生産され日本に持ち込まれた。馬体重450キロ台だった現役時代は22戦5勝、重賞制覇はなかったが、札幌芝2600mの丹頂Sを勝ってオープン入りを果たしたスタミナタイプ。初年度産駒は不受胎、16年にメロディーレーン、18年に後の菊

父　オルフェーヴル
母　メーヴェ
母の父　Motivator

戦績　[4-0-4-28]
古都S
距離適性　長距離
脚質　先行・差し

花賞馬タイトルホルダー（父ドゥラメンテ）を産んだ。その後5年連続で受胎できなかったが、23年に3番目の仔（父ベンバトル）を世に送り出している。ちなみに不受胎だった際の種牡馬はヴィクトワールピサ、ディープインパクト、ゴールドシップ、キズナ、エピファネイア。ドゥラメンテとは19年に二度目の繁殖を試みるも受胎しなかった。

メロディーレーンの父オルフェーヴルはダービー勝利時が444キロ、その父ステイゴールドは420キロ前後で走っており、父の全兄にあたるドリームジャーニーは宝塚記念と有馬記念を424キロと426キロで勝っている。メロディーレーンが軽量となった要因は父系からの遺伝子が強かったのだろう。

なお23年3月の高知競馬で、メロディーレーンより軽い337キロの馬体重で初勝利を手にしたカリプソメロディも父はオルフェーヴルである。ただ、同馬の産駒でGIを4勝したラッキーライラックは牝馬ながら520キロという壮大な馬体であり、このあたりに血統の神秘が感じられる。

さて、メロディーレーンはデビュー10戦目の3歳夏、2400mの未勝利戦を勝った。好スタートから後方に構えて直線勝負に持ち込むと2着ダンディズムに9馬身差の圧勝劇。2走後に1勝クラスをレコード勝ち（当時）すると菊花賞への挑戦を表明する。クラシック登録をしていなかったため追加登録料200万円を支払ってまで、小柄な牝馬が牡馬クラシックに出走すると話題となり、ここからアイドル人気を高めていった。

菊花賞で驚かされたのは、前走から斤量が6キロも増えていたこと。「1キロ1馬身」と言われる通り、6キロも増えると好走率は低くなる。加えて背負った斤量55キロは過去最重量。にもかかわらず、優勝馬から約2馬身差の5着に好走してみせた。

別の角度からみてみよう。

同年の菊花賞を勝利したワールドプレミアの馬体重は484キロ。57キロの斤量は馬体重の約11%である。対して340キロで出走したメロディーレーンは55キロ、自身の体重の約16%を背負わされた。体重60キロの人間が幼児を背負って走ると仮定すると、6キロ対9キロ=3キロもの差が生じることとなる。

そんな状況での5着は「スタミナを母から受け継いだに違いない」と確信させ、長距離での飛躍が期待された。

菊花賞後、メロディーレーンは日経新春杯9着（49キロ）、阪神大賞典5着（53キロ）、春の天皇賞・春11着（56キロ）。重賞では掲示板がやっとだったが、条件戦に戻ると小倉2600mの特別戦を55キロで勝利、3勝クラスに昇格した。

昇級後はハンデ戦を中心に使われ始めた。松籟S（54キロ）では7着敗退。続くオープン戦の大阪―ハンブルクCは51キロで10着。前年に続いての出走となった次走の天皇賞・春も11

着（56キロ）。

さらに宝塚記念も56キロで11着惨敗。「さすがに頭打ちか…」と思われたが、4カ月後の古都Sでは53キロとなり、先行3番手から先頭でゴールイン。念願のオープン入りを果たした。

次走は有馬記念に出走。ファン投票で21位と人気を集めたメロディーレーンは半弟であるタイトルホルダーと初対決。5歳秋、26戦目となった同馬の馬体重は352キロ。これまでにない強豪が相手であり、長距離輸送も加わって16頭立て15着に終わった。

その後も重賞を7戦、オープンを3戦走り最高着順は万葉Sの3着。24年6月時点で36戦を走ったメロディーレーンは8歳を迎えた。とてつもなくタフな馬である。

『メロディーレーン写真集』（廣済堂出版）には、騎手や調教師、生産者などメロディーレーンに接してきた関係者の感動的な言葉が並んでいる。

産まれた当初は競走馬としてデビューできるか否か、関係者すらわからなかった。森田直行調教師の「未勝利戦を勝ったときは、何日も泣いた」とのセリフには、同馬への愛があふれていた。

平均を大きく下回る馬体ながらスタミナ豊富で、オープンにまで上り詰めた小さな牝馬・メロディーレーン。その走りをみていると、あらためて競走馬の神秘性や不思議さに思いを馳せてしまう。いずれにせよ、いつかくる引退の日まで無事に走って欲しいと思う。（後藤豊）

ウインバリアシオン

怪我と闘い続けた不屈のシルバーコレクター

2008年生まれ
牡
鹿毛

不屈の挑戦者、ウインバリアシオン。彼ほど多くの強敵、そして怪我と闘い続けながらも、競馬ファンに名勝負を届け続けた競走馬はそういないだろう。

生涯戦績は23戦4勝、そのうち2着はGⅡレースで3回、GⅠレースで4回の計7回。ただでさえ特異的な戦績だが、彼が戦ってきたメンバーを考えると、この成績は彼の高い能力があったからこそ実現できた数字だとわかる。能力の高さを示したレースとして二つ挙げるとすれば青葉賞と日本ダービーを推したい。3歳春に皐月賞からダービーに目標を変更した陣営は、優先出走権を狙い青葉賞に出走。このレースでのウインバリアシオンの走りは、レースを見ていた競馬ファン、関係者をあっと驚かせるものだった。

東京競馬場の芝2400mといえば、中団より前に位置することが勝ちのセオリー。だがウインバリアシオンは後方16頭目の位置からレースを進め、4コーナーでも後ろから5頭目にいた。そして、ここからの彼の末脚は驚異的だった。スローペースとはいえ、上がり33秒6と驚異的なタイムを記録し、残り50mで先頭をとらえ1着に。ダービーへの切符を摑み取った。

父　ハーツクライ
母　スーパーバレリーナ
母の父　Storm Bird

戦績　[4-7-2-10]
日経賞　青葉賞
距離適性　長距離
脚質　差し・追込

迎えた日本ダービー。もちろん、競馬場・距離ともに青葉賞と同じ条件ではある。だが良馬場であった青葉賞とは大きく異なったのが、天気である。梅雨と台風の影響を受け大きく発達した雨雲が東京に激しい雨を叩きつけ、馬場状態は不良。前走で勝った条件とはいえ、レースキャリアの浅い3歳馬がこの変化に対応するのは並大抵のことではない。しかし、ウインバリアシオンは10番人気という前評判を覆し素晴らしいレースを披露した。4コーナーまでは青葉賞を再現するかのようなレースを展開。直線でも不良馬場をものともせず、最後の数百mで抜け出したオルフェーヴルに追いすがるが、僅かに及ばず2着に敗れた。記録した上がりタイムは34秒7と18頭中1位。馬場状態をものともせず自分の競馬スタイルを貫き通せたのは、高い能力があってこそだった。

青葉賞、ダービーの鞍上を務めた安藤勝己騎手によると、既に青葉賞のころからウインバリアシオンの歩様は万全ではなかったという。それでもこれだけのレースを展開したのだから、彼は戦績以上の能力を持っていたはずだ。その後は左前浅屈腱炎を発症し、怪我と闘い続けた競走馬生活ではあったが、多くの名馬と名勝負を繰り広げた。最後までＧⅠこそ獲れなかったが、多くのファンに愛される名馬に彼自身もなったのである。

現在、彼は種牡馬として第二の馬生を送っている。競走馬としての挑戦は終わったが、ＧⅠを取るという大仕事を成し遂げるために、青森の地で彼は挑戦し続ける。

（スオミアッキ）

ロードカナロア

世界を置き去りにする、不屈の王

2008年生まれ
牡
鹿毛

「世界のロードカナロア、ゴールイン!」

ロードカナロアの国内最終戦となった2013年スプリンターズSの、ゴールイン時の実況である。彼のこれまでの実績へのリスペクトと、引退レースとなる香港スプリント連覇へのエールが詰まったフレーズ。「世界の」という表現は、ロードカナロアの強さと偉大さ、カッコ良さをすべて包括し称賛している。

本当に凄いスプリンターだった。国内GIを4勝、海外(香港)GIを2勝した蹄跡だけではない。次々に訪れる記録という壁に立ち向かいぶち破って行く、そのチャレンジ精神と底力がロードカナロアファンの心を熱くしたのである。史上初の国内スプリントGI3連覇(12年スプリンターズS→13年高松宮記念→スプリンターズS)、サクラバクシンオー以来のスプリンターズS連覇。そして最大の栄光といえば、世界最高レベルのスプリンターが集結する香港スプリントの連覇だろう。過去にチャレンジした日本のスプリンターたちが次々と打ち砕かれた舞台。その舞台でロードカナロアは、史上3頭目の香港スプリント連覇を果たす。しかも連覇となった13年は、2着馬に5馬身もの差をつけている。

父 キングカメハメハ
母 レディブラッサム
母の父 Storm Cat

戦績 [13-5-1-0]
香港スプリント2勝　スプリンターズS 2勝
高松宮記念　安田記念
距離適性 短距離
脚質 差し

さらにロードカナロアは、重賞で一度敗れた相手には必ずリベンジしているというのも凄い記録である。

12年春、5連勝して挑んだ高松宮記念で、同じ厩舎の先輩カレンチャンに敗れる（3着）。しかし、秋のスプリンターズSで、カレンチャンを2着に退けてリベンジを果たす。また、スプリンターズSの前哨戦として出走した函館スプリントとセントウルS（ともに2着）で、先着を許したドリームバレンチノ、エピセアロームも高松宮記念2着のサンカルロも含めて、スプリンターズSで、カレンチャンとともにまとめて負かしている。翌13年秋のセントウルSでは、逃げるハクサンムーンを捕まえきれず2着に敗れた。しかし本番のスプリンターズSでは、ハクサンムーンの逃げを捉えて借りを返している。「一度負けた相手には二度と負けない」というロードカナロアの信念の強さが、無敵のスプリント王として、2年間に渡り君臨できた要因だろう。

ロードカナロアのチャレンジ精神は、彼と同じ時間を共有した者たちに、元気と感動を与えてくれた。そして時が経ち、父の面影を持つ子どもたちが競馬場で活躍している今、ロードカナロアの姿を子どもたちに重ねて応援している者たちもいるはずだ。やがて子どもたちから孫たちへ——不屈のアイドルホース、ロードカナロアのチャレンジ精神は、これからも脈々と受け継がれていく。

（夏目伊知郎）

ジャスタウェイ

二代より先へ続く、人の夢

2009年生まれ
牡
鹿毛

馬主になることを夢見るとき、ジャスタウェイについて考えることがある。オーナーの大和屋暁氏は、鈴木清順監督作の脚本を担当した大和屋竺氏の子息。自らもまた『金色のガッシュベル!!』や『銀魂』といった人気アニメーションの脚本を担当していた。

馬主になることを夢見ていた大和屋オーナーは、アニメ脚本家として一本立ちした後、1頭の馬の共有馬主となる。その馬、ハーツクライは、最強馬と言われたディープインパクトに有馬記念で土を付けただけでなく、遠くドバイの地に遠征し、ドバイシーマクラシックを制覇。ドバイでの口取りに参加した大和屋オーナーの胸の内には、次なる野望がふつふつと湧き上がっていたという。

――ハーツクライの仔のオーナーになって、海外のGIレースを勝つ。

その野望の実現に向けて、まずはJRAの馬主の資格を取得。次にセレクトセールに乗り込み、セリ場に姿を現したハーツクライ産駒たちに入札していった。そうして落札したのが、ジャスタウェイであった。

ジャスタウェイは新馬戦を快勝した後、度々重賞で好勝負するものの、なかなか勝ちきれ

父　ハーツクライ
母　シビル
母の父　Wild Again

戦績　[6-6-1-9]
天皇賞・秋　ドバイデューティーフリー
安田記念
距離適性　中距離
脚質　差し

ないレースが続いた。しかし、父ハーツクライが4歳秋に本格化したように、転機が訪れる。滑り込みで出走が叶った天皇賞・秋で、ジェンティルドンナやエイシンフラッシュといったGⅠ馬が注目を集める中、ジャスタウェイは2勝馬ながら5番人気の支持を得た。そして福永祐一騎手を鞍上にゴール前200mで先頭に立つと、2着ジェンティルドンナに4馬身の差をつける独走で勝利した。これは大和屋オーナーにとってのGⅠ初制覇というだけでなく、ハーツクライ産駒の初GⅠ制覇でもあった。

ジャスタウェイと大和屋オーナーにとっての次のターゲットは、父ハーツクライも勝ち星を挙げたドバイだった。ドバイデューティーフリーでは自国の馬以外には厳しいとされるイギリスのブックメーカーもジャスタウェイを1番人気に設定。レースでは先に抜け出したウエルキングゲトリクスを残り300mで捉えて一気に差し切り、そのまま6馬身余りの差をつけてゴールへと飛び込んだ。福永騎手をして「これで世界ランキング1位でしょう」と発した言葉の通り、この独走劇は「ワールドベストレースホースランキング」で日本調教馬史上初の単独1位という評価を受けた。

文字通り、世界一の馬のオーナーになった大和屋オーナー。次の目標は、ジャスタウェイの産駒での世界制覇だそうである。

（高橋薫）

ホッコータルマエ

苫小牧の魅力を発信するダートの超一流馬

2009年生まれ　牡　鹿毛

2010年のセレクションセールで鹿毛の牡馬を落札した矢部幸一氏は、その牡馬を、自身の会社の所在地である苫小牧市の樽前山を由来に、ホッコータルマエと名付けた。

3歳1月のデビュー戦こそ11番人気11着と敗れたが、次走でしっかりと勝ち上がった。そして4月から後の主戦となる幸英明騎手が手綱を握ると、夏にはジャパンダートダービーに出走するまでに成長を遂げた。8月のレパードSで重賞初制覇を果たすと、12月のジャパンCダートで3着。成長力を武器に重賞の常連にのし上がった。

年を跨ぎ4歳となった彼は充実期を迎えた。年明け初戦の東海Sこそ3着に敗れたが、次戦の佐賀記念を圧勝すると、続く名古屋大賞典、アンタレスSを立て続けに制覇し重賞3連勝。勢いそのままにかしわ記念でもエスポワールシチーらを抑え、矢部氏に初めてのJpnI制覇を届けた。その後も帝王賞、JBCクラシックなど名だたるダート競走を制覇し、ホッコータルマエはすっかりダート強豪馬の1頭となった。

しかし、二度目の中央GI挑戦となったジャパンCダート4日前、オーナーの矢部氏が肺癌で亡くなってしまう。中央GI制覇という悲願を遂げるために出走したホッコータルマエ

父　キングカメハメハ
母　マダムチェロキー
母の父　Cherokee Run

戦績　[17-5-7-10]
チャンピオンズC　東京大賞典2勝
帝王賞2勝　川崎記念3勝　JBCクラシック
かしわ記念
距離適性　中距離
脚質　先行

であったが、ベルシャザール、ワンダーアキュートらの驚異的な末脚に差され、中央GI制覇の夢は叶わなかった。明け5歳となったホッコータルマエは川崎記念に出走。1・1倍の断然人気に応え、記念すべきJpnI4勝目を達成したが、三度目の中央GI挑戦となった続くフェブラリーSでは惜しくも2着。初の海外挑戦となるドバイワールドCでも、オールウェザーという特殊な馬場の影響もあり、16着に沈む。さらにレース後にストレス性腸炎が発覚し、秋まで休養することとなってしまった。

休養明け初戦JBCクラシックで敗れはしたものの4着と復調の兆しを見せ、新設されたチャンピオンズCでの中央GI制覇を目指した。レースでは前年のジャパンCダート同様に2番手を追走。手ごたえ抜群なまま直線で先頭に立つと、ともに歩んできた幸騎手の渾身の追いに応える。最後は迫りくる15頭を抑え、幸騎手とともに念願の中央GI制覇の偉業を矢部氏に捧げたのであった。

この年、JRA最優秀ダートホースに選出。さらに、彼の数多くの偉業を称え、第二の故郷である苫小牧市より、とまこまい観光大使に任命されたのであった。その後も走り続け、史上初となるGI級10勝を達成。引退後は、種牡馬として北海道の地に帰郷し、馬産地、そして苫小牧の魅力を発信し続けている。

（スオミアッキ）

ヴィルシーナ

2009年生まれ
牝
青毛

強敵同期の連続2着…難題乗り越え掴んだ栄冠

馬が繋いだ縁というのはよく聞くが、友道康夫調教師と、佐々木主浩オーナーとの縁も、競走馬が繋いだ縁であろう。開業初年度に預かった尻尾の無い牝馬ハルーワスウィートを活躍させた友道調教師と、現役時代からハルーワスウィートの大ファンの佐々木オーナー。佐々木オーナーがハルーワスウィート産駒の全8頭、さらには孫の世代まで友道厩舎に預けている事からも、両者の信頼関係がうかがい知れる。

その8頭のハルーワスウィート産駒の1頭が、ヴィルシーナ。新馬戦を勝ち上がり、トントン拍子にクイーンCを制した。例年であれば十分に牝馬クラシックも狙える走りを見せるが、同年代には、ジェンティルドンナがいた。今になって思えば、ヴィルシーナ陣営にとって、「2」という数字と向き合う1年の始まりだったのだろう。ヴィルシーナはジェンティルドンナを相手に、牝馬三冠は全て2着。特に秋華賞はハナ差7センチと、あと一歩のところまで来ていたが、勝ち切る事ができない。さらに秋の最強女王決定戦、エリザベス女王杯でもジェンティルドンナが不在の中2着、これでGⅠを4戦連続2着。ここまで来ると「2」という数字に愛されているとすら感じられた。

父 ディープインパクト
母 ハルーワスウィート
母の父 Machiavellian

戦績 [5-5-2-9]
ヴィクトリアＭ 2勝
距離適性 マイル〜中距離
脚質 逃げ・先行

年が明け2013年、ヴィルシーナは、ヴィクトリアMに出走。最終直線、ヴィルシーナがマイネイサベルを振り切り、先頭に出る。ゴールは目の前、ついにGI初制覇かと思った時、1頭の芦毛が後方から迫ってきた。蛯名正義騎手と、前年覇者のホエールキャプチャである。グングンと差を詰め、ヴィルシーナに並びかける。

——またしてもヴィルシーナは2着なのか。

多くのファンがそう思った瞬間、ヴィルシーナは驚異の粘り腰を発揮。ホエールキャプチャに抜かせない。まるでヴィルシーナ自身が「欲しいのは2着では無く、頂点だ」と叫んでいるかのような粘りであった。2頭は競り合ったまま、ゴール板を駆け抜ける。どちらが勝ったのか、鞍上の内田博幸騎手と蛯名騎手が思わず視線を交わすほどの大接戦。結果は写真判定に持ち込まれた。検量室に向かうため、2頭は地下馬道を抜けると、佐々木オーナーと関係者が嬉しそうに抱き合っていた。それを見て、察したのだろう。内田騎手が自身の胸をポンポンと叩き、頭上に拳を上げ、ホッとした表情を見せる。2着に苦しんだ彼女が、ついに辿り着いたGIの頂点であった。

ヴィルシーナは、翌年のヴィクトリアMも勝利し、「2」連覇を達成。「2」着馬から、GI「2」勝馬になった彼女は堂々たる戦績をもって引退を迎えたのであった。

（朱鷺野真一郎）

エピファネイア

クラシックで連続2着から菊制覇の名種牡馬

2010年生まれ　牡　鹿毛

桜花賞・ステレンボッシュ、ヴィクトリアM・テンハッピーローズ、日本ダービー・ダノンデサイル、そして宝塚記念・ブローザホーンと、2024年はエピファネイア産駒の当たり年となった。4年前にデアリングタクトが牝馬三冠馬となり、3年前にはエフフォーリアがGI3勝を挙げるなど大物が初年度から連続で登場したが、過去2年はGIタイトルと縁遠くなる中での再ブレイクだった。

GIウイナーとなったエピファネイア産駒の7頭には「名馬のクロスをもっている」という共通点がある。ダノンデサイル以外の6頭はサンデーサイレンスの4×3もしくは4×4、ダノンデサイルはロベルト・ノーザンダンサー・シアトルスルーのクロスが存在する。エピファネイア自身にもサンデーの父父であるヘイルトゥリーズンのクロスがあり、同馬の産駒に注目する際、「名馬のクロス」は注目ポイントかもしれない。

皐月賞&ダービーを僅差2着だったエピファネイアは三冠最終戦の菊花賞を制覇。2着に5馬身差の独走状態であり、前走の神戸新聞杯で3馬身差だったサトノノブレスとの着差を大きく広げた。その走りをみて「来春の天皇賞も独走しそうだ」と感じたが、陣営は香港遠

父　シンボリクリスエス
母　シーザリオ
母の父　スペシャルウィーク

戦績　[6-2-1-5]
菊花賞　ジャパンC
距離適性　長距離
脚質　先行・差し

征を選択。2000mのクイーンエリザベス2世Cで4着に敗れた。秋は天皇賞6着と振るわなかったが、距離が伸びたジャパンCで2着に4馬身差の独走状態。牝馬三冠馬ジェンティルドンナや天皇賞馬スピルバーグ、GI3勝ジャスタウェイ、桜花賞馬ハープスターやダービー馬ワンアンドオンリーなど名だたる名馬を下してみせた。特に残り200mからの伸び脚は、今見てもため息が出るほど。1頭だけ別次元といっても過言ではない好レースをみせてくれた。

その馬本来の能力が試される「長距離戦」、そして「東京コース」での好走が多かったが、その血は子どもたちにも伝えられている気がする。

ジャパンCを制した直後、鞍上のC・スミヨン騎手は「今まで乗った日本馬の中で一番強い」と語った。

同騎手はブエナビスタやオルフェーヴルにも騎乗していた。2頭はともにGI6勝を挙げており、エピファネイアはGI勝利数では2頭に見劣りするが、自身が常に一生懸命レースを走っていたように、その血は産駒にも伝えられている。

今年2歳になるアロンズロッドは父エピファネイアで母アーモンドアイという良血。史上最強馬でもある名牝との間にできた産駒はどんな走りをみせてくれるのか。ちなみにこの馬もサンデーサイレンスの4×3のクロスをもっている。

（後藤豊）

メイショウマンボ

一人の騎手を救った、人の情で繋がれた名牝

2010年生まれ
牝
鹿毛

近年の競馬界は、たった一度のミス騎乗でその馬に二度と乗れなくなるケースが数多くある。有力馬の関係者の多くがC・ルメール騎手や川田将雅騎手などのトップジョッキーを乗せたがり、彼らが騎乗できなければトップ10に名を連ねる他の騎手に声をかける。

そんな中、騎手の起用に関して調教師に任せている大馬主が、メイショウの冠で知られる松本好雄氏だ。

リーディングに名を連ねる馬主の多くがノーザンファームを筆頭とする大手生産牧場の生産馬を購入する中、松本氏は中小牧場との関係を重視して、良血とは言えない馬を数多く購入している。「金」よりも「つながり」、そして「義理」を大事にするオーナーである。

その象徴が、愛馬メイショウマンボと武幸四郎騎手（現調教師）への愛である。古くから武家と家族ぐるみの付き合いをしていた松本氏は幼いころから幸四郎騎手を可愛がっており、デビューレースでは自身が所有するメイショウユリヒメに乗せている。結果は6着だったが、その翌日に幸四郎騎手はオースミタイクーンでマイラーズCを勝利。初勝利が重賞という史上唯一の快挙を成し遂げ、「騎手として兄を超えるのでは」との声も聞かれた。

父　スズカマンボ
母　メイショウモモカ
母の父　グラスワンダー
戦績　［6-2-0-23］
オークス　秋華賞　エリザベス女王杯
距離適性　中距離
脚質　先行・差し

デビュー4年目の2000年にティコティコタックで秋華賞を勝ち、初のGI勝利を遂げるが、騎手生活10年を迎えると次第に騎乗機会が減り、11年は7勝に終わった。毎年のように勝っていた重賞勝利も4年間未勝利。騎手生活でどん底だったころ、幸四郎騎手はメイショウマンボと出会った。デビュー4戦目のこぶし賞を勝つも、5戦目のフィリーズレビューは騎乗停止となり川田騎手が代役で勝利。迎えた桜花賞は4番人気ながら直線伸びず10着と大敗。この夜、幸四郎騎手は松本氏に電話で謝罪するとともに、オークスでの騎乗をお願いしたらしい。

距離延長のオークス本番、メイショウマンボは持ち前のスタミナを十分に発揮、9番人気ながら2着に1馬身以上の差をつける圧勝をしてみせた。久しぶりのGI勝利に興奮を抑えていた幸四郎騎手だったが、松本氏と対面すると涙を浮かべた。

秋には秋華賞とエリザベス女王杯を勝ち、最優秀3歳牝馬となったメイショウマンボ。翌年2戦目のヴィクトリアMで2着となるも、その後は19戦して18戦が2ケタ着順。7歳になった17年に幸四郎騎手が調教師に転向。メイショウマンボも同時期にターフを去って繁殖牝馬となった。初年度産駒のメイショウイチヒメ（父メイショウボーラー）は1勝を挙げるも、メイショウサムソンとの2番仔は未勝利で引退。これまで4頭のうち2頭が武幸四郎厩舎の管理馬となっている。

（小川隆行）

ハープスター

観衆の視線を最後方に集めた天才少女の末脚

2011年生まれ
牝
鹿毛

サラブレッドが最も美しい瞬間は、どの瞬間だろうか。それは彼らが全力疾走する瞬間ではないか。そしてその美しさを引き立たせるのが、競馬のレース展開や駆け引きだ。競馬の最終直線では、全力疾走する先頭馬群に自然と多くの視線が吸い寄せられる。

だが、その最後の直線――それもGⅠという大舞台において、先頭の馬でなく、大外を回り今から仕掛けを始めようという最後方の馬に視線が集まったことがある。桜花賞のハープスターである。

ベガの孫娘として早くから注目を集めていた彼女は、新潟2歳Sで上がり3ハロン32秒5というとてつもない末脚を繰り出した。それも先行馬群から繰り出したのではない。出遅れ、最後方からの競馬を余儀なくされた上での末脚だ。新潟の広く長い直線を目一杯に使った彼女は、わずか100mほどでイスラボニータを3馬身突き離してゴールイン。競走馬の限界とも言える1ハロン10秒台の末脚は観衆を虜《とりこ》にするには十分で、多くのファンに「来年のクラシックはこの馬で決まり」と頷かせるほどだった。

父 ディープインパクト
母 ヒストリックスター
母の父 ファルブラヴ

戦績 [5-2-0-4]
桜花賞
距離適性 中〜長距離
脚質 追込

だが、阪神JFは僅かに差し届かず2着。明けて3歳となりクラシック一冠目の桜花賞は、負けられない戦いだった。1・2倍の単勝オッズが、その期待を反映していた。勝つか負けるかではない、どれほどの末脚を見せてくれるのか——多くのファンの注目がその一点に集まった。川田将雅騎手が取った作戦は、新潟2歳Sと同じ最後方待機。阪神JFのように中団から包まれ苦しい競馬をするわけにはいかない。大外枠も活かしての直線一気しかないと腹をくった。そして最後の直線。大逃げを打ったフクノドリームが内回りと外回りの合流地点に差し掛かるとき、ハープスターはまだその入り口にいた。

——いけるのか、そこから。観衆は息を呑む。その期待に応えるように、引き絞られた矢を放つかの如く大外から鹿毛の馬体を躍らせて末脚を伸ばし、馬群を外からまとめて交わし去る。前を行くのはただ1頭、暮れに1着を許したレッドリヴェールのみとなった。叩き合いになるかと思われたその刹那、馬体を併せる間もなく宿敵を捉えると、仁川のゴール坂を先頭で駆け抜けていった。上がり3ハロン32秒9。ラスト1ハロン平均は10秒台というその末脚は異次元というほかない。

最後方から観衆の注目を一様に集め、瞬きさえ許さない末脚を放つハープスターの走りは美しかった。そして、中継カメラが先頭集団ではなく、ギリギリまで引き、直線を映す桜花賞というのは、あとにも先にもこのレースだけではないだろうか。

（小早川涼風）

サウンズオブアース

戦績以上にファンを魅了した、最強の2勝馬

2011年生まれ
牡
黒鹿毛

「Hero is coming.」。2022年からJRAのプロモーションCMで使われているフレーズだ。このフレーズをはじめて聞いた時に、私は「Hero」とはいったいどんな馬のことだろうか…と考えた。辞書で「Hero」と調べると、『英雄、主人公、主要人物』と答えが返ってくる。プロモーションCMに出演しているようなGI級の競走をいくつも勝った馬、多くの記録を打ち立てた馬だけが「Hero」なのかといえば、そうではない。この問いには「正解はない」が正解だろう。これを読んでいる読者の方々を筆頭に、競馬ファンの数だけ「Hero」の答えがある。

では、私の思う「Hero」とは何なのか。悶々と考えた中で一つの「Hero」像にたどり着いた。成績の良しあしにかかわらず、誰かの心を動かした馬こそが「Hero」なのではないか。

サウンズオブアースは、まさしく競馬ファンの心を動かした「Hero」だっただろう。ワンアンドオンリーやイスラボニータと同期の2014年のクラシック世代として、およそ5年間、計30戦の競走生活を駆け抜けた。

なぜ、人々は彼に心を動かされたのか——それは彼のレースぶりと個性的な戦績によると

父　ネオユニヴァース
母　ファーストバイオリン
母の父　Dixieland Band

戦績　[2-8-1-19]
はなみずき賞
距離適性　中距離
脚質　先行・差し

ころが大きいだろう。

彼の主な勝ち鞍は14年のはなみずき賞、今でいう1勝クラスのレースだ。しかし彼は、しばしば主な勝ち鞍が条件戦の馬とは思えない激走を見せている。14年の菊花賞では中団内ラチ沿いから上がり最速の鋭い差し脚を見せるも、トーホウジャッカルに半馬身差届かず2着。15年の有馬記念では先行策を見せると直線では進路取りにロスが出たもののキタサンブラックを含めたGⅠ馬5頭を抑え、1着ゴールドアクターにクビ差の2着で入線する。GⅠの舞台以外でも、8番人気ながらも2着に健闘し、日本ダービーへの切符を摑んだ京都新聞杯など、重賞に限れば2着の回数はなんと7回にものぼる。その走りっぷりに親しんだファンから「最強の2勝馬」や「はなみずき賞さん」と呼ばれた。

また、特筆すべきは彼が現役だった時代だろう。彼の同期にはワンアンドオンリーやゴールドアクターがいて、上の世代にはゴールドシップ、下の世代にはキタサンブラックやサトノダイヤモンド、そしてアーモンドアイがいるという、まさに群雄割拠の時代である。そんな様々な強者たちを相手に、彼はおよそ5年もの間、最後まで走り続けた。

たとえ勝ち星は遠かったとしても、つい「頑張れ」と応援したくなる。サウンズオブアースはそんな馬だった。私にはそれこそが、彼が「Hero」である証しに思えてならないのだ。

（作矩智満）

サトノクラウン

海を渡り、戴冠した古豪の血

2012年生まれ
牡
黒鹿毛

２０２４年6月9日、レーベンスティールでエプソムCを勝ち、ＪＲＡ重賞１５０勝目を挙げたC・ルメール騎手。日本競馬に所属するようになってから10年が経過、ＪＲＡ史上最多のＧⅠ9勝を挙げたアーモンドアイを筆頭に、ＧⅠ6勝の「世界最強馬」イクイノックス、短距離ＧⅠ6勝グランアレグリアなど名馬を勝たせまくった。１５０勝のうち51勝がＧⅠであり、「ここ一番」での信頼性はトップだ。

そんなルメール騎手だが、ＪＲＡ所属となる15年以前のＧⅠ勝利数は5勝。ハーツクライの有馬記念でディープインパクトを破ると、来日するたびに勝利数を増やしていた。

Ｍ・デムーロ騎手とともにＪＲＡ所属となった初年度の15年、ルメール騎手はサトノクラウンで皐月賞に挑んだ。同馬は新馬戦から弥生賞まで3戦無敗で挑んだが、前走で騎乗していた福永祐一騎手がリアルスティールに騎乗すると、同馬に初騎乗となったルメール騎手とのコンビが1番人気に支持された。しかしスタートが悪く、道中の行きっぷりもそれまでとは異なった末に4コーナーは大外を回ったことで、勝ち馬ドゥラメンテから4馬身差の6着敗退。ドゥラメンテに騎乗していたのは、デムーロ騎手だった。

父 Marju
母 ジョコンダⅡ
母の父 Rossini

戦績 [7-1-1-11]
香港ヴァーズ　宝塚記念
距離適性 中距離
脚質 先行・差し

続く日本ダービーでもドゥラメンテとの差を縮めたものの3着に敗退。上がりはメンバー中最速だったが、ドゥラメンテを捉えきれなかった。さらに秋初戦の天皇賞では18頭立ての17着。

この3戦以降、ルメール騎手がサトノクラウンに乗ることはなかった。

次走の京都記念は3馬身差の圧勝。勝利の手綱を握っていたのは乗り替わったデムーロ騎手。トップ騎手の多くがぶち当たる壁に、当時のルメール騎手はぶつかっていたのである。

4歳になったサトノクラウンだが、京都記念優勝後はクイーンエリザベス2世C12着、宝塚記念6着、秋の天皇賞14着。レース中に集中力を欠く場面がしばしば見受けられた。しかし、次走の香港ヴァーズで世界の名馬を破ってみせた。前走でBCターフを勝ちGI4勝を挙げたハイランドリールがハナを切り、楽な手応えで後続を引き離しにかかった次の瞬間、後方から一気に伸びてきたサトノクラウンがゴール前でとらえ、初のGI制覇を成し遂げた。鮮やか過ぎる勝ち方を観た直後、「日本での競馬は何だったのだ?」との疑問符が頭に浮かんだほどである。

サトノクラウンを降りたルメール騎手は、翌16年にサトノダイヤモンドなどでGIを4勝すると、17年にはレイデオロでダービーを制覇、そしてアーモンドアイに巡り合った。「負けて覚える」。名騎手そして名アスリートの学びである。

（後藤豊）

レッツゴードンキ

可愛く力強く丈夫、多彩な魅力のマイル女王

2012年生まれ
牝
栗毛

我々競馬ファンは、競走馬の個性に魅力を感じ、つい感情移入をしてしまう。レッツゴードンキは愛らしい仕草や麗しい瞳から「かわいい」と評されており、実際、検索サイトで馬名を入力すると「かわいい」の文字がサジェストに表示されるほどだ。一方で、私が彼女に抱くイメージは牝馬なのに「力強い」「丈夫」「根性がある」といった雄々しいもの。戦績を眺めて「本当に、そんな競走馬だったな」と、改めて感心した。

私が最初に彼女を認知したとき、名前の響きからあのゴリラのキャラクターを思い浮かべていたが、由来は「ドン・キホーテ」からなので実際は全く関係ない。実は最初は牡馬だと思い込んでいたが、アルテミスSに参戦することで初めて女の子だと知った。失礼な話である。さらには最も華やかな舞台と言える桜花賞では4馬身差で桜の女王に戴冠した。紛れもなく女の子、いや女王であることを訴えかける美しき圧勝劇だった。

レースの格でいえば、桜花賞での勝利が唯一のGⅠ勝ちであり、ハイライトと言えるが、彼女の魅力は、その長い競走馬生活そのものにある。2014年デビューから19年の引退までの約6年で36戦、うちGⅠ級競走は22戦、走った競馬場は中央の他に地方・海外含めて10

父 キングカメハメハ
母 マルトク
母の父 マーベラスサンデー

戦績 [3-8-5-20]
桜花賞
距離適性 短距離〜マイル
脚質 自在

場。勝利こそ三度ではあるが、掲示板に載った（5着以内）回数は23回と抜群の安定感を発揮し、大きな怪我もなく引退まで全力で走り続けた。

引退レースに選ばれたのは阪神Cで、レース後に引退式が用意されていた。舞台は桜花賞を制した阪神競馬場。7歳を迎えていたレッツゴードンキだが、5番人気に支持された。なお、1番人気は4年後輩の桜花賞馬グランアレグリア。レースではそのグランアレグリアをマークする形で中団から進めたが、直線に入ると相手は馬なりであっという間に先頭に立った。一方レッツゴードンキは岩田康誠騎手の激しいアクションとムチに応え、最内からスパートを開始、馬群を突き抜け末脚を炸裂させる。結局、グランアレグリアは遥か前でゴールを迎えたが、レッツゴードンキは2番手争いの横一線でゴールイン。僅差で4着だったが、最後まで一つでも上の着順を目指し一生懸命に走る姿は健在だった。岩田康騎手も引退式で「ゴールまで歯を食いしばりながら頑張った」とコメントしている。

頑張り屋さんの彼女が走り続けることで表現した雄々しさは、今でもレースを見返すと元気や勇気を与えてくれる。一方で「かわいい」の文字列とともに見つかる彼女の動画や画像は確かに可愛く美しい。彼女の瞳、表情、仕草は温もりや癒しを与えてくれる。レッツゴードンキは様々な感情をもたらす不思議な魅力の持ち主なのである。

（ムラマシケソゴ）

マカヒキ

夢の「七強対決」を制した日本ダービー馬

2013年生まれ
牡
鹿毛

少年漫画の「お約束」。とある「強いヤツ」が現れたかと思えば、今度はそれを上回る「もっと強いヤツ」が登場する。以下、その繰り返し。実力者どうしの手に汗握る死闘を経て、大接戦の果てに勝負がつく。ベタでもそんな展開にはいやが上にもワクワクしてしまう。

「ドラマチックなダービー」は数多くあれど、「漫画みたいなダービー」ならマカヒキが勝った2016年が真っ先に思い浮かぶ。話は前年の11月に遡る。デイリー杯2歳S、エアスピネルが2着の重賞馬シュウジに3馬身半差をつける衝撃の内容で勝利を収め、早くも世代の主役候補に躍り出た。次走で朝日杯FSに駒を進めると、当然ながら単勝1・5倍の確勝ムード。しかし怪物は他にもいた。後続を4馬身離すマッチレースを演じ、勝ったのは漆黒の馬体を持つ良血馬リオンディーズ。年が明け、両馬は弥生賞で再戦を迎える。結果はもちろんその2頭のワンツー…にはならなかった。まとめて差し切ったのがマカヒキ。若駒Sで上がり32秒6の鬼脚を繰り出した超新星である。

それでも「皐月賞はマカヒキで決まり」と思わせないのがこの年の層の厚さ。1番人気はきさらぎ賞を快勝したサトノダイヤモンド。どちらが勝つのか。あるいはリオンディーズ、

父　ディープインパクト
母　ウィキウィキ
母の父　フレンチデピュティ

戦績　[6-2-2-18]
日本ダービー
距離適性　中距離
脚質　追込

エアスピネルの逆襲もあるのか。そんな予想を裏切り、一冠目を制したのは伏兵ディーマジェスティ。まだ大物が隠れていた。マカヒキは追い込み及ばず2着、初黒星を喫する。ツワモノ揃いのダービーはさらに前哨戦からスマートオーディン、ヴァンキッシュランという強豪が合流し「七強」あるいは「三＋四強」の様相を呈した。7番人気エアスピネルは単勝21・3倍、8番人気レッドエルディストが同57・8倍。7－8番人気のオッズ差としては1986年以降でこれが最大の記録だ。そういえばこの時、友人とダービーの話をしていたら見知らぬおじさんが割り込んで「これで当たるかな?」と7頭に◎を打ったスポーツ新聞を見せてきた。おじさんも甲乙つけられなかったのだろう。

内枠から好スタートを切ったマカヒキはそれまでのレースより前で運ぶ。今までと同じではいけない、進化しなければライバルに勝てないという判断か。ちょうど1馬身圏内にサトノダイヤモンドとディーマジェスティがいる。直線は馬群を割って伸び、サトノダイヤモンドと鼻面を全く並べて入線。川田将雅騎手とC・ルメール騎手はお互いの健闘を称えるように馬上で握手を交わした。

長い長い写真判定の末、わずか「8センチ」の差で軍配はマカヒキ。日本ダービーの、競馬のおもしろさが詰まった至上の2分24秒0であり、そして7カ月間であった。（鈴木ユウヤ）

ヴィブロス

名門一族のプライド、もう一度世界へ

2013年生まれ
牝
青毛

世界には、名門と呼ばれる一族がいる。例えば、中世ヨーロッパ王権制の中心にいたハプスブルク家、金融で莫大な財を成したロスチャイルド家、日本では徳川家などがそれに当たるだろう。交配と歴史を重ねていく競馬の世界にも名門一族が存在している。そして人間の世界と同様に、時代に応じて興隆を繰り返している。

２０１７年春、とある名門の血が再び脚光を浴びた。遠くドバイの夜空を切り裂いてゴール板を駆け抜けたヴィブロス。彼女は世界的な名門バラード一族の馬であった。

72年に生まれたバラードという牝馬を根幹にするこの牝系は、タイキシャトルの父としても知られるデヴィルズバッグやジャパンC勝ち馬シングスピール、大種牡馬ラーイ、メイセイオペラの父グランドオペラ、その3頭の母で自身もGⅠ勝利のあるグローリアスソングなど、世界で活躍馬を輩出。日本でもダノンシャンティやホワイトフーガ、ダノンバラード、テリトーリアルなど多数の活躍馬を輩出している名門一族である。ヴィブロスはそのうちグローリアスソングの孫にあたるハルーワソングという牝馬を介して、姉にヴィルシーナ、兄にシュヴァルグラン、叔父にフレールジャックやマーティンボロ、いとこにセラフィックコ

父　ディープインパクト
母　ハルーワスウィート
母の父　Machiavellian

戦績　[4-6-0-7]
ドバイターフ　秋華賞
距離適性　中距離
脚質　差し

ールなどを擁する牝系をバックボーンに持つ。

姉と兄が古馬になってからGIを制したように、この牝系の良さは年齢を重ねてから増してくる。自身も3歳春は実力が伴わずにクラシックの舞台に立つことは叶わなかったが、秋になるにつれて状態が上向き、重賞未勝利ながらチャレンジした秋華賞で見事にGIホースに登り詰めた。そして4歳春に迎えたドバイターフで小さな牝馬が世界の強豪牡馬たちを豪快に差し切って突き抜けるのだから、名門の遺伝子が完全に開花したと言って良いだろう。その後は勝利こそ挙げられなかったものの、翌年にもドバイターフで2着、さらに香港マイルでも2着と好走するなど、海外GIで強豪相手に食い下がった。6歳で迎えた三度目のドバイターフでは、あのアーモンドアイに迫る脚色を見せて堂々と2着に食い込む。同レース3年連続連対という偉業を果たし、これを引退の花道とした。

母としてのヴィブロスはデビューした産駒が勝利を挙げ、順調な滑り出しを迎えている。姉ヴィルシーナの産駒から2頭の重賞勝ち馬が出ていることを考えれば、やはりこの一族のポテンシャルは凄まじいものがあるようだ。この名門一族が世界の大きな舞台で脚光を浴びる瞬間は、また必ずやってくる。ヴィブロスの産駒からそんな馬が出てくることを心待ちにするばかりである。

（秀間翔哉）

スワーヴリチャード

父と似る運命を歩んだ、遅咲きの大器

2014年生まれ
牡
栗毛

遡ること20年、2頭の名馬がダービーでワンツーフィニッシュを決めた。キングカメハメハとハーツクライ。前者は3歳秋に引退となり、ライバルが不在となったハーツクライは4歳時の有馬記念で無敗三冠馬ディープインパクトを破り念願のGI初制覇を果たした。キンカメとディープは「どちらが強かったか」とよく言われる。2頭が制したダービーの勝ち時計はともに2分23秒3で、10年ほど破られぬダービーレコード。甲乙つけがたい2頭を比較する際、物差し馬となるのがハーツクライである。

日本ダービーではキングカメハメハに届かなかったが、翌年の有馬記念ではディープインパクトに先着。種牡馬としても2頭に次ぐ実績を収めている。

あれから12年。キングカメハメハ産駒のレイデオロとハーツクライ産駒のスワーヴリチャードが日本ダービーで対決した。皐月賞ではディープ産駒のアルアインに屈したが、2頭とも好状態で向かったダービーの結果はレイデオロが優勝、スワーヴリチャードは惜敗2着。親仔ともどもそのままの着順でワンツーフィニッシュとなったのはダービー史上唯一無二である。またハーツクライ産駒としてはウインバリアシオンに次ぐ2頭目のダービー2着だっ

父　ハーツクライ
母　ピラミマ
母の父　Unbridled's Song

戦績　[6-3-4-6]
大阪杯　ジャパンC
距離適性　中距離
脚質　先行・差し

た。クラシック2戦ともレイデオロに先着されたスワーヴリチャードだが、4歳春の大阪杯でGI初制覇を遂げると、秋の天皇賞でレイデオロと三度目の対決を迎えた。「今度こそ」と意気込んだスワーヴリチャードだが、スタートで不利を受け、またもレイデオロに屈した。この敗戦がショックだったのか、同馬はその後もGIでは3着が精一杯。しかしドバイシーマクラシックで同馬に初先着すると、秋のジャパンCでマカヒキ、ワグネリアン、そしてレイデオロと3頭のダービー馬を寄せ付けずGI2勝目を挙げた。

スワーヴリチャードの戦績を振り返ると、4歳以降に開花したハーツクライにそっくりで、やはり競馬は血の競技であると思わされる。引退してから5年が経過した2024年。スワーヴリチャードはレイデオロとともに初年度産駒を世に送った。「レイデオロのほうが種牡馬として活躍するだろう」と予想する関係者が多く、初年度の種付け料はレイデオロが600万円、スワーヴリチャードは200万円だったが、産駒デビューから1年が経った現在、重賞ウイナーがまだ出ていないレイデオロ産駒に対し、スワーヴリチャード産駒はレガレイラがホープフルS、コラソンビートが京王杯2歳S、スウィープフィートがチューリップ賞、アドマイヤベルがフローラSを勝った。遅咲きだった父&祖父とは裏腹に、スワーヴリチャード産駒は早咲きなのかもしれない。

（山本和夫）

レイデオロ

幸せな馬をつくりつづけた伯楽への贈り物

2014年生まれ
牡
鹿毛

ウイニングチケットと柴田政人騎手、アグネスフライトと河内洋騎手。時に競馬には、◯◯に日本ダービーを獲らせるために生まれてきたと語られるサラブレッドが存在する。JRA最多勝利調教師賞を12度獲得し、調教師人生でJRA歴代2位の1570勝を積み上げた藤沢和雄師にとって、第84代ダービー馬のレイデオロがまさにそうだ。

レースに合わせて馬を仕上げるのではなく、馬の成長に合わせてレースを選択する。馬優先主義とも言われるスタイルの藤沢厩舎にとって、早い段階から仕上げてレースに使うことが求められる日本ダービーは長年縁のないタイトルだった。後に年度代表馬になるシンボリクリスエスやゼンノロブロイで挑んだ日本ダービーはともに2着。このまま日本ダービーを勝つことなく調教師人生を終えるのではと囁かれ始めた頃、母ラドラーダ、その父シンボリクリスエス、その母レディブロンドと母系に藤沢師の管理馬たちの名が連なるレイデオロが藤沢師に預けられたことは、運命だったのかもしれない。

2016年10月の新馬戦を快勝し、続く葉牡丹賞で連勝を飾ったレイデオロ。年末に行われた当時GⅡのホープフルSも最後の直線で馬場の中央を力強く抜け出し、危なげなく3連

父 キングカメハメハ
母 ラドラーダ
母の父 シンボリクリスエス

戦績 [7-2-1-7]
日本ダービー　天皇賞・秋
距離適性 中距離
脚質 差し

勝。2歳戦を無敗で締めくくった。3歳春を迎えたレイデオロは、休み明けでGI皐月賞に挑んだ。当時はまだ異例のローテーションに賛否の声も上がったが、前哨戦を使っては余力を残してダービーに向かえないという藤沢師の判断もあったのだろう。力みの見られた皐月賞は5着に敗れたが、陣営の目論見通り、ダービーに向けて状態は上向いていった。

そして迎えた日本ダービー当日。1番人気は青葉賞を好タイムで制してここに向かってきたアドミラブルに譲り、レイデオロは単勝5・3倍の2番人気。レースは1000mの通過が63秒2という異例の超スローペースで進む中、鞍上のC・ルメール騎手はレイデオロを向正面で14番手から2番手まで押し上げ、そのまま最終コーナーへ。直線に入るとたちまち先頭に立ったレイデオロを、残り200mを切ったところでスワーヴリチャードが猛追。最後はレイデオロが3/4馬身振り切って先頭でゴール。藤沢厩舎にとっては89年ロンドンボーイの挑戦から数えて28年目の悲願達成となった。レース後に出した「思っていた以上に時間がかかってしまった」とのコメントは、日本ダービーを制することがいかに難しいかを物語っていた。その後、レイデオロは4歳時に天皇賞・秋を制すも、5歳時は勝ち星のないまま有馬記念を最後に引退した。血統背景や競走成績を振り返ると、レイデオロは藤沢師に欠けていたラストピースを埋めるために生まれてきた——そういったロマン溢れる思いすら湧いてくるのである。

（安藤康之）

キセキ

ハイレベルな時代で踏ん張り抜いた菊花賞馬

2014年生まれ
牡
黒鹿毛

鶴首（ツル頸・つるくび）とは、パドックや返し馬でその長い首を鶴のように曲げている仕草を指し、神経を昂らせている状態であると言われる。私の今日までの競馬歴の中でこの「鶴首」で最も注目を集めた馬といえば、間違いなくキセキである。

「見事」「美しい」とすら言われたその鶴首はキセキの調子のバロメーターとも言われ、その具合がどうであったかというやり取りはSNSでもレースの度に話題となった。本来レース前に語られるような毛艶や歩様と言ったポイントよりも鶴首に言及するコメントが飛び交っていたように思える。そんな印象的なトレードマークを持つキセキだが、もちろん、この馬の魅力はそれだけではない。

キセキは2014年5月、下河辺牧場で誕生した。2歳の12月にデビューし先行策から快勝するも、年明けは思うように賞金を加算することができず春のクラシック参戦は見送っている。しかし夏に2勝を積み上げると、神戸新聞杯でダービー馬レイデオロの2着となり菊花賞の出走権を獲得、ついにクラシック参戦となった。

その菊花賞は台風の影響で不良馬場となった。初GIが泥んこ馬場の3000mという過

父　ルーラーシップ
母　ブリッツフィナーレ
母の父　ディープインパクト

戦績　［4-6-6-17］
菊花賞
距離適性　中〜長距離
脚質　逃げ・先行

酷なレースとなったキセキだが、中団から力強く抜け出すと、2着クリンチャーに2馬身差をつけて優勝。父ルーラーシップにとっても、これが初めての重賞勝利であった。

その後も第一線で活躍を続けたキセキ。4歳時のジャパンCでは好スタートから逃げる競馬を披露し、当時のレコードを上回る素晴らしいタイムでゴールまで駆け抜けたが、1馬身3／4ほど前に1歳下の三冠牝馬が走っていた。5歳時には凱旋門賞にも挑戦。結果は7着であったが3頭出走した日本馬の中では最先着となっている。

一つ上の世代にサトノダイヤモンドやマカヒキ、同期にレイデオロやスワーヴリチャード、リスグラシューがいて、一つ下にはアーモンドアイやフィエールマンといった名馬たちがひしめいていた世代で、キセキは踏ん張り続けた。7歳まで現役を続け通算33戦。GI出走は香港ヴァーズや凱旋門賞などの海外挑戦を含めると実に19回にものぼる。有馬記念、宝塚記念のいわゆるグランプリレースには4回ずつ出走。重賞勝ちこそ菊花賞のみであったが獲得総賞金は7億円を超え、まさに人気と実力を兼ね備えた名馬であった。

21年、7歳で迎えた有馬記念で当時3歳だったエフフォーリアらと対戦しその優勝を見届け引退。種牡馬入りし、23年産駒が初年度産駒となる。その豊かなスピードを、馬格を、スタミナを、逞しさを、そして美しい鶴首を受け継いだ産駒たちの登場を心待ちにしているのは、私だけではないだろう。

（岩坪泰之）

クロノジェネシス

夢を与える、グランプリの申し子

2016年生まれ
牝
芦毛

秋華賞、宝塚記念、有馬記念、宝塚記念とGⅠを4勝したクロノジェネシス。あまり知られていないが、この馬は一口馬主ホースとして最高の回収率を叩き出した名牝である。

募集時の価格が1400万円だった同馬は総獲得賞金が12億4733万円。一口35万×40口で募集された同馬に投資をした人は、最終的に1口あたり3011万円を手にした。回収率は驚きの86倍。正にドリームホースである。

デビュー戦とアイビーSを連勝後、阪神JFでは2着に敗れたが、続くクイーンCで重賞初制覇。5戦目の桜花賞ではグランアレグリアの3着に敗れた。グランアレグリアがNHKマイルCに向かったことでオークスではラヴズオンリーユーと人気を分け合うも3着。その後夏場を休養に充てると、2頭が不在の秋華賞をぶっつけで勝利、待望のGⅠ勝利を手にした。

2走後に京都記念で牡馬を破り重賞3勝目を挙げ、大阪杯2着から宝塚記念を制してみせた。その宝塚記念では2着キセキに6馬身、3着モズベッロにさらに5馬身の差をつけ、4着は同世代の皐月賞馬サートゥルナーリア、6着は大阪杯で惜敗したラッキーライラック。

父 バゴ
母 クロノロジスト
母の父 クロフネ

戦績 [8-3-4-2]
秋華賞　宝塚記念2勝　有馬記念
距離適性 中距離
脚質 先行

この馬の強さ、そして成長力を示した結果となった。

次走、秋の天皇賞では初対決となったアーモンドアイの3着と惜敗したが、同馬が引退した直後の有馬記念では7頭のGIホースを破ってGI3勝目をマーク。オークスで惜敗したラヴズオンリーユーに0秒9の差をつけるなど、古馬になっての成長と飛躍がうかがえる結果となる。年度代表馬をアーモンドアイが受賞したことで、クロノジェネシスはJRA特別賞を受賞した。

5歳になっても進化は止まらない。ドバイシーマクラシックで2着になると、続く宝塚記念でグランプリ3連覇を達成。スピードシンボリ、グラスワンダーに次ぐ快挙となった。次走で凱旋門賞に挑むも7着と敗れ、有馬記念ではグランプリ連覇を目指したが、3着に惜敗しターフを去った。

GI9勝アーモンドアイを筆頭に、同6勝グランアレグリア、同4勝ラヴズオンリーユー・ラッキーライラックらとともに「牝馬が強い時代の名牝」として競馬史に名を刻んだクロノジェネシス。2歳から5歳まで4年の長きにわたって好走を続けたのは特筆ものである。

引退後はエピファネイアと種付けし、2023年に牡馬を産んだ。今後、長く活躍する産駒が現れたとしたら、それこそ母からの血のたまものと言えるだろう。

（後藤豊）

ラヴズオンリーユー

海外GⅠ3勝のグローバルクイーン

2016年生まれ
牝
鹿毛

ラヴズオンリーユーの性格について、所属した矢作芳人厩舎のスタッフは、「気が強くて、頑固で、本当に女王様みたい」とコメントしている。一方で、矢作調教師は一言で言うなら「不屈」と評した。

ラヴズオンリーユーは超一流の血統背景を持つ。曽祖母に欧米GⅠを10勝したミエスクを持ち、近親には活躍馬が多数。デビュー前から注目を集め、陣営・ファンの期待に応えて無傷の4連勝でオークスを制覇した。まさに女王様の道をまっすぐ歩むスターホースであった。

しかし、彼女の戦歴には苦闘の跡も見える。オークス後、エリザベス女王杯からの6連敗である。矢作調教師は、ここからの復活劇と、誰もなし得なかったブリーダーズC（フィリー&メアターフ）制覇をもって、「不屈」と評したのだろう。

「女王様」と「不屈」という要素を合わせると、「不屈の女王様」。一見、矛盾をはらんでいるようにも思える。女王様というと、一度へそを曲げてしまったらそれまで。競走馬であれば「もう走りませんからね」と言い放つような、奔放な性格を想像してしまう。しかし彼女は6連敗は喫しても、そのままでは終わらず、復活を果たした。そして、競走生活のラスト

父　ディープインパクト
母　ラヴズオンリーミー
母の父　Storm Cat

戦績　[8-2-3-3]
オークス　クイーンエリザベス2世C
ブリーダーズCフィリー&メアターフ
香港C
距離適性　中距離
脚質　差し

1年は、6戦4勝、海外GⅠ3勝、という驚異の大活躍で自らの有終の美を飾った。

そのラストラン香港Cは、個人的な馬券の思い出としても印象深い。私は、2着に敗れたヒシイグアスの単勝で勝負をしていたのだが、レース後は清々しい気分だった。ヒシイグアスもJ・モレイラ騎手の絶妙なエスコートで完璧に近いレースぶりだったが、最後で少し内にもたれてしまい、その横を川田将雅騎手のアクションに応え、極上のキレで走り抜け優勝したのがラヴズオンリーユーだった。現地のレース実況にあったように彼女はパーフェクトスポットに位置取り、ラストで絶品の末脚を発揮した。完璧なレースだと思った。だからこそ、馬券を外した私も清々しい気分だったのだ。

一つ、彼女の「女王様みたい」という性格と、戦績のアップダウンに絡めて思うことがある。

ラヴズオンリーユーが不調だったのは、主に2020年、コロナ禍で無観客や入場制限が続いた年だった。明けて21年、観客が競馬場に戻り始めると、彼女は輝きを取り戻し始めた。観客の熱い眼差しが「女王様」の気持ちを奮い立たせたのではないか。グローバルな大舞台で、彼女は自らの使命を思い出し、威光を放つべく懸命に地を蹴り四肢を伸ばしたのではないだろうか、と想像する。本当のところは何が復活のきっかけだったのか——女王様のご機嫌の良い時に、聞いてみたいものである。

（三原ひろき）

コラム

現行レースはわずかに四つ

レース名に刻まれた名馬たち

中央競馬の重賞戦で「馬名がタイトルになった現存レース」といえば、セントライト記念、シンザン記念、共同通信杯（トキノミノル記念）、弥生賞ディープインパクト記念の4レースだ。最初に設定されたのは1947年。戦前の41年に日本競馬初の三冠馬となったセントライトを記念として創設された。ちなみにセントライトはシンザンが史上2頭目の三冠馬となった数カ月後にこの世を去っている。

2レース目がシンザン記念。年明け初戦の3歳重賞として、シンザンがターフを去った2年後の67年に初開催。施行時期&開催コース（京都1600m）も変わらず、24年で58回目を迎えている。

3レース目は共同通信杯。副題となった名馬トキノミノルは前の2頭と異なり三冠馬ではないが、生涯成績10戦10勝で51年の皐月賞と日本ダービーを制覇。三冠確実か、と思われていたが日本ダービーの5日後に破傷風を患うと12日後にこの世を去った。馬主だった実業家の永田雅一（大映社長）は「金を惜しまずに命を救ってくれ」と頼み込み、薬代はダービーの1着賞金に匹敵したとも伝えられている。この世を去って18年後、「東京4歳S」（後の共同通信杯）の副題としてトキノミノル記念となり、83年から共同通信杯になった。

続いては弥生賞。このレースを制した無敗三冠馬ディープインパクトが19年に死去した直後の20年よりレース名となった。

ＪＲＡではこの他にカブトヤマ記念、クモハタ記念、タマツバキ記念、セイユウ記念などが開催されていたが、このうち、セイユウ記念はアラブ系のレース消滅と同時に廃止され、カブトヤマ記念も２００４年に廃止された。

タマツバキ記念は95年で廃止後、地方へ受け継がれたが、07年がラストレースとなった。またクモハタ記念はジャパンC創設直前に廃止となり、現存するのは前述の4レースである。

なお「レース名になってもいい」と思われるシンボリルドルフやナリタブライアンなどの名馬が中央競馬でレースタイトルとならないのは、特定牧場や馬主の宣伝になってしまう、との考えがあるとされている。つまり馬名に冠があると宣伝効果となってしまうらしい。そう考えるとキタサンブラックは×だがイクイノックスやアーモンドアイは○であろう。

地方競馬でレース名に冠されているのが笠松競馬のオグリキャップ記念。同馬の引退2年後の2月に創設され現在も続いている。また岩手競馬のマーキュリーCは副題としてフェブラリーSを勝ったメイセイオペラ記念が付けられている。

（後藤豊）

ビートブラック

語り草の天皇賞・春、大物食いの逃げ馬

2007年生まれ
牡
青毛

「人気馬と真逆の脚質を狙え」——競馬予想における重要な「金言」だ。特に人気馬が後方脚質である場合、マークする各馬が団子状態となり先行馬に漁夫の利が生じる。

展開の妙を利して春の天皇賞を逃げ切ったのが2012年のビートブラックだ。この年は、オルフェーヴルが単勝1・3倍と圧倒的な人気を集めていた。前年に三冠馬となった同馬は有馬記念も制覇、年度代表馬に輝くと、4歳初戦の阪神大賞典では向正面で大きく逸走しながらも2着を確保。地力の高さを見せつけた衝撃もあり、ファンの注目を一身に集めた。

その阪神大賞典で4秒も突き離され10着と惨敗したのがビートブラック。3歳時は菊花賞を3着したものの重賞勝ちはなく京都大賞典2着が最高成績。そんな馬がスタートから2番手につけると後方を大きく引き離した。対するオルフェーヴルは後方から2頭目に位置。向正面における2頭の差は20馬身以上にもなった。ハナを切ったゴールデンハインドを追いかけたビートブラックが4角で先頭に躍り出る。追い出しを図ったオルフェーヴルが直線に入るも2頭の差は15馬身以上。初騎乗のビートブラックを石橋脩騎手が懸命に追うと、後続との差を広げながらゴール。美しい「長距離の逃げ」が見事に決まった瞬間だった。（後藤豊）

父	ミスキャスト
母	アラームコール
母の父	ブライアンズタイム
戦績	[6-4-3-21] 天皇賞・春
距離適性	中〜長距離
脚質	先行

ラブミーチャン

ハマちゃんと一緒に中央挑戦、母の血を高めた孝行娘

2007年生まれ
牝
栗毛

中央・地方重賞8勝、7歳でJBCスプリントを制し、種牡馬になったサウスヴィグラスは自身に似たダート短距離に強い産駒を多く輩出し、一時代を築いた。それだけではない。地方で活躍する大物も送り出し、地方競馬全体の底上げの一翼を担ったことでも知られる。南関東二冠馬ヒガシウィルウィン、大井生え抜きでJBCスプリントを勝ったサブノジュニア、中央から岩手へ移ったナムラタイタンなど、中央と互角に渡り合える産駒が多かった。

ラブミーチャンもサウスヴィグラスの傑作の1頭だ。中央未出走で笠松に移り、濱口楠彦騎手を背にデビューから6連勝。全日本2歳優駿も勝ち、中央の桜花賞挑戦を掲げる。地方所属馬によるクラシック挑戦は笠松の悲願でもあった。かつてライデンリーダーが勝ったフィリーズレビューでは2番人気の評価。濱口騎手のアクションに応え、果敢に先手を奪うスピードをみせるも、はじめての芝に戸惑ったか12着。その後はダートに戻り、東京盃、東京スプリント、クラスターCと交流重賞3勝。中央馬と互角のスピードをみせた。母ダッシングハニーの産駒がJRA5勝馬ダブルスターを筆頭に大半が中央に籍を置き、活躍できたのはラブミーチャンが挑戦し、血統の評価を高めたからだ。ここにも血の物語がある。（勝木淳）

父	サウスヴィグラス	戦績	[18-3-5-8] 全日本2歳優駿
母	ダッシングハニー	距離適性	短距離
母の父	アサティス	脚質	先行

ペルーサ

「やればできる」を証明した名門厩舎の問題児

2007年生まれ
牡
栗毛

「やればできるのに…」というタイプは、クラスにだいたい一人はいたのではないだろうか。ペルーサはそんな同級生を思い出させてくれる、どこか憎めない存在だった。

3歳の春、藤沢和雄厩舎所属のペルーサは青葉賞から日本ダービーを目指すローテを選択。これは、同厩舎の偉大なる先輩たちが歩んだエリート街道である。その青葉賞を4馬身差で圧勝し、ファンは「ついに青葉賞からの日本ダービー制覇が実現するのではないか」と期待に胸を膨らませた。しかし、晴れ舞台となるはずの日本ダービーのスタートで出遅れてしまい、6着に敗れる。この出遅れがその後も癖となり、以後のレースで出遅れては追い込んでの惜敗を繰り返した。気がつけば「やればできるのに…」という評価のまま古馬となり、さらには故障、喘鳴症《ぜんめいしょう》にも罹ってしまい、長いトンネルへと迷い込んでしまった。

繰り返す凡走や長い療養を挟み、8歳となったペルーサは札幌日経オープンに出走。好位から競馬を進めたペルーサは1周目のスタンド前でハナに立つとそのまま先頭でゴールを駆け抜けた。青葉賞から5年3カ月8日ぶりの勝利は最長勝利間隔記録（当時）。記憶にも記録にも残る勝利で、「やればできる」を自ら証明したのであった。

（ムラマシケソゴ）

父 ゼンノロブロイ
母 アルゼンチンスター
母の父 Candy Stripes

戦績 ［5-3-1-19］
青葉賞
距離適性 中～長距離
脚質 自在

レッドディヴィス

タラレバを言いたくなる史上最強セン馬

2008年生まれ
騸
鹿毛

重賞初制覇から6連勝で三冠馬・年度代表馬となったオルフェーヴルだが、2戦目から4連敗を喫している。本格化前というのもあるが、実はそれぞれの勝ち馬は豪華絢爛。レースレベルの高さが垣間見える。ホエールキャプチャ、グランプリボス、トーセンラー…、そしてレッドデイヴィス。このレッドデイヴィスが世代を牽引できる素質を持っていたと今でも信じているファンは少なくないだろう。逆にその時代を知らないファンからすると「そんなに強かったならダービーの着順は？」と言いたくなるかもしれないが、レッドデイヴィスにダービー出走権はなかった。クラシック競走はセン馬の出走を認めていない。デビュー前から去勢手術が施されていたレッドデイヴィスは、その時点で出走権を失っていた。

シンザン記念、毎日杯を連勝したレッドデイヴィスだが、クラシック参戦ができず別の重賞を走っているうちに骨折してしまい、7カ月間の休養に。復帰戦の鳴尾記念こそ勝ったものの、有馬記念で待ち受けていたのは彼の休養中に三冠馬となったオルフェーヴルだった。同期が圧巻の競馬を見せる中9着と大敗したが、もしルールが異なりクラシック路線に乗っていたら、彼にはどんな未来が待っていたのだろうと考えさせられる。

（緒方きしん）

父　アグネスタキオン
母　ディクシージャズ
母の父　トニービン
戦績　[5-2-0-18]
鳴尾記念　毎日杯　シンザン記念
距離適性　中距離
脚質　先行

ストレイトガール

衰えを知らない、唯一無二の7歳女王

2009年生まれ
牝
鹿毛

競走馬とは概ね4〜5歳でピークを迎え、6歳以降は能力が衰える傾向にある。ダート戦は6歳でも通用する例が多いが、芝レースにおける5歳と6歳の壁は想像以上に厚い。キャリアでいえば25〜30戦以降は能力が右肩下がりになっていく。

以上は一般的な傾向であり、もちろん例外もある。デビュー後10戦以降に持てる能力を発揮、7歳でGⅠを勝利したのが「遅れてきたシンデレラ」ストレイトガールだ。

3歳夏まで10戦して2勝&4着以下8回だった同馬だが、13戦目に3勝目を挙げると怒濤の4連勝で一気にオープンまで上り詰めた。20戦目にして初GⅠ出走となったものの高松宮記念を3着、秋はスプリンターズSを2着。既に5歳で伸びしろに疑問を持った。

しかし6歳の春、六度目のGⅠ出走となったヴィクトリアMを快勝。この時点でキャリアは26戦。同年秋にはスプリンターズSも勝利、6歳牝馬ながらGⅠを2勝した。

続く香港スプリントと阪神牝馬Sはともに9着だったが、7歳春にヴィクトリアMを連覇。2着馬は前年のオークスと秋華賞を制した二冠馬ミッキークイーンなど猛女だらけ。JRAのGⅠレースにおいて唯一となる7歳牝馬の勝利となった。

（後藤豊）

父　フジキセキ
母　ネヴァーピリオド
母の父　タイキシャトル

戦績　[11-4-3-13]
ヴィクトリアM2勝　スプリンターズS
距離適性　短距離〜マイル
脚質　差し

シゲルスダチ

たとえ故障しても転倒しない心優しきヒーロー

2009年生まれ
牡
芦毛

後藤浩輝という男は誰かのために馬に乗れる騎手であり、馬と心を共鳴させ、一体となって騎乗できる男だった。それは彼がサラブレッドは生きるために勝たなければならず、そこに自分を投影させたからだ。シゲルスダチはそんな彼にとって忘れえぬ1頭にちがいない。

初コンビだったマーガレットSを勝ち、勇躍挑んだNHKマイルC。内枠で行きたがるシゲルスダチに対し、手綱を短く持ち、なだめて納得させる。最後の直線では末脚は残っていた。16番人気なんて関係ない。やれる。そんな感触があったから、後藤騎手はスペースを探し、マウントシャスタの内にある狭いところへ突っ込む。だが、次の瞬間、彼は馬場に叩きつけられる。シゲルスダチは動けない後藤騎手のそばを離れなかった。夢中になって走る最後の直線での転倒はサラブレッドにとって死が近づく瞬間だ。だが、馬は無事だった。きっと、あのとき、後藤騎手とシゲルスダチは心を通わせていたにちがいない。

落馬事故を乗り切る強運と丈夫な体をもったシゲルスダチは、2年半後、同じ東京の直線で故障してしまう。映像には一瞬だけ、絶望的な痛みに苛まれながらも、懸命に我慢する姿が映っている。レース後、予後不良。それから間もなく後藤騎手もこの世を去った。（勝木淳）

父	クロフネ	戦績	[3-2-3-26]
母	エトレーヌ		マーガレットS
母の父	ブライアンズタイム	距離適性	短距離
		脚質	差し

フェノーメノ

ともに「挑戦者」として天皇賞・春を連覇

2009年生まれ
牡
青鹿毛

2014年、天皇賞・春。フェノーメノは直線半ば、持てる力を振り絞るように先頭に立った。前年の覇者にもかかわらず、その単勝オッズは10倍を超えていた。

13年、圧倒的1番人気ゴールドシップが伸びを欠く中、直線早め先頭から後続を寄せ付けない完勝で、4歳春にしてGI初制覇を2番人気で飾ったフェノーメノ。しかしその後の1年は苦難の連続だった。「ゴールドシップ、ジェンティルドンナとの「三強対決」に沸いた宝塚記念では、三強で唯一の馬券外に敗れると、秋は左前脚故障で棒に振った。明けて5歳、復帰戦となった日経賞でもウインバリアシオンにまくり切られ、5着に敗れていた。

外々を回って追い上げる1番人気キズナ。さらに外から末脚を伸ばす2番人気ゴールドシップ。観衆の視線が外にフォーカスされる中、フェノーメノは内から懸命に押し切りを図った。悲願のかかったウインバリアシオン、さらに伏兵ホッコーブレーヴが突っ込んでくる。

しかしフェノーメノは最後まで先頭を譲らなかった。史上3頭目の天皇賞・春連覇。これまで5頭となった天皇賞・春連覇馬の中で、ともに2番人気以下、「挑戦者」としての連覇は、フェノーメノただ1頭である。

（枝林応一）

父　ステイゴールド
母　ディラローシェ
母の父　デインヒル

戦績　［7-2-0-9］
天皇賞・春2勝
距離適性　中〜長距離
脚質　先行・差し

ロゴタイプ

大舞台で圧倒的人気馬を倒した、最強の刺客

2010年生まれ
牡
黒鹿毛

ロゴタイプが朝日杯FSを制した際のオッズは、7番人気34・5倍。単勝1・3倍という人気を背負うコディーノの追撃を好位から押し切ったロゴタイプの走りに、観衆は大いに驚いた。デビュー戦を勝利して以降は3連敗を経験していたため戦績的に地味に感じたファンは多かったが、M・デムーロ騎手に乗り替わった前走ベゴニア賞では「終わって振り返ってみると」良い走りをしていた。初年度産駒の中央勝ち上がり馬が3頭だったローエングリンの2世代目の産駒であることも、盲点となった理由の一つだったかもしれない。結果、3着にもローエングリン産駒のゴットフリートが食い込み、種牡馬としての評価を覆した。

年明けからスプリングS、皐月賞を連勝し、2400m戦のダービーでも5着と健闘。世代トップクラスの走りを見せたロゴタイプだったが、そこから意外なほど長いトンネルに入る。6歳になり、16連敗で迎えた安田記念。実績馬モーリスが単勝1・7倍と人気を集める中、ロゴタイプは8番人気36・9倍と伏兵評価に留まった。結果は、ロゴタイプの押し切り勝利。「終わって振り返ってみると」田辺裕信騎手との新コンビでしっかりと復調気配を見せていた。ロゴタイプはまたしても、ファンを驚かせる走りを見せたのだ。

（横山オウキ）

父　ローエングリン
母　ステレオタイプ
母の父　サンデーサイレンス

戦績　[6-4-4-16]
朝日杯FS　皐月賞　安田記念
距離適性　マイル〜中距離
脚質　逃げ・先行

コパノリッキー

日本ダート史上最大の下剋上を果たした名馬

2010年生まれ
牡
栗毛

単勝272・1倍。初GI制覇となったフェブラリーSにおけるコパノリッキーの単勝オッズだ。現在でも盛岡ダート2000mのレコードを保有し、中央・地方問わず圧倒的な力を見せた名ダート馬だが、同時に日本ダート史上最大の下剋上を果たした競走馬でもある。

デビュー2戦目の未勝利戦で2着に5馬身差をつけ圧勝したコパノリッキーは、続く条件戦も連勝。オープン馬としてもヒヤシンスSで3着の後、伏竜Sを勝利。初重賞となった兵庫CSも勢いそのままに制し、一躍、3歳ダート馬の筆頭格となった。しかし、全治6カ月の骨折が判明し休養に入ることとなった。

休養明け初戦、1番人気で迎えた霜月Sでは10着、その次走も9着と、思うような結果が出ない。しかし陣営はフェブラリーSに出走を決意。抽選もくぐり抜け、16頭立て16番人気でレースに挑んだ。レースでは好スタートを決め、馬なりで2番手追走。直線で早めに抜け出すとホッコータルマエを抑えきり、低評価を覆し、GI初制覇を達成した。当初はフロック視されている部分もあったが、次戦かしわ記念で連勝し実力を証明。以降ダートGI常連としてGI級11勝の金字塔を打ち立て、日本ダート史に残る名馬となった。

（スオミアッキ）

父　ゴールドアリュール
母　コパノニキータ
母の父　ティンバーカントリー

戦績　［16-3-3-11］
フェブラリーS 2勝　かしわ記念3勝
マイルCS南部杯2勝　JBCクラシック2勝
帝王賞　東京大賞典
距離適性　マイル〜中距離
脚質　逃げ・先行

マリアライト

二冠馬すら撃ち抜く、狙いすました末脚

2011年生まれ
牝
黒鹿毛

馬ごとの成績を注視すると、「その馬が勝ちやすい条件」に巡り合える。2015年11月のエリザベス女王杯の馬柱を目にした際、穴馬として浮かんだのがマリアライトだった。前走のオールカマーまで12戦したうち、1800m以下では1勝のみだったが、2000m以上で3勝。中でも初距離の2500mと2400mで連勝しており、長距離適性が感じられた。そこで血統をみると、半弟のリアファルは1カ月前の菊花賞で3着に好走している。単勝は6番人気で配当妙味もあった。そんなマリアライトは初挑戦でGIを勝利した。

翌年は日経賞3着、目黒記念2着から宝塚記念へ。前年の二冠馬ドゥラメンテ、菊花賞と春の天皇賞を制したキタサンブラック、前年の優勝馬ラブリーデイ、後に海外GIを勝つサトノクラウン、ダービー馬ワンアンドオンリー、GI3着馬シュヴァルグランなど、エリザベス女王杯とは比べものにならない強敵が揃ったが、終わってみれば堂々の優勝。勝因は鞍上・蛯名正義騎手の騎乗内容にあった。逃げるキタサンブラックと後方から迫るドゥラメンテ、2頭の間につけて追い出すという作戦が見事にハマった。名だたる強豪牡馬を撃破した名牝は母になると菊花賞2着馬オーソクレースを送り出した。

（後藤豊）

父	ディープインパクト
母	クリソプレーズ
母の父	エルコンドルパサー
戦績	[6-2-5-7] エリザベス女王杯　宝塚記念
距離適性	中距離
脚質	差し

イスラボニータ

猫科的走法を持つ親孝行なクラシックホース

2011年生まれ
牡
黒鹿毛

競馬をはじめたての頃、私はイスラボニータに魅せられた。太い顔につぶらな瞳、幅広の流星。可愛い犬のような見た目と裏腹に、走法は豹そのものだ。私にとってはじめて見る皐月賞の直線、彼は脚を水平近くに高々と上げ、手前を次々変えるので、宙を飛んでいるように見えた。コロンとした体型でよくこの走りが繰り出されるものだ、と感嘆した。その体型が「父・フジキセキの産駒らしい体型」であると知ったのは、ずっと後のことだ。

フジキセキはサンデーサイレンスの初年度産駒。傑出した馬であり、早くに引退してからは父の代用種牡馬としても人気を集めた。不思議とフジキセキ自身にもサンデーにも似ない、コロンとした馬を出した。種牡馬成績も優秀で、カネヒキリをはじめとしてすばらしい馬を輩出していた。だが長い間、フジキセキ産駒はクラシック未勝利であった。

そのフジキセキのラストクロップこそが、イスラボニータなのだ。一族待望のクラシックを勝った彼は、阪神Cで有終の美を飾った。今は種牡馬となっている。私は彼の産駒に豹のごとき走りを――「イスラボニータ産駒らしさ」を垣間見る。彼のファンとして、そのラストクロップまで見守り続けるつもりである。

（緑川あさね）

父	フジキセキ
母	イスラコジーン
母の父	Cozzene
戦績	[8-6-4-7] 皐月賞
距離適性	マイル～中距離
脚質	先行

シュヴァルグラン

勝利の女神を微笑ませた諦め知らずの挑戦者

2012年生まれ
牡
栗毛

届きそうで届かない、GI制覇。だが、諦めを知らぬ者に、勝利の女神は微笑むのだろう。7歳まで走り続け初GIを掴み取ったタイキブリザード、11度目のGI挑戦で勝利を手にしたキングヘイロー。彼らは諦めず挑戦を続け、念願のGIのタイトルを掴んだ。シュヴァルグランもまた、彼らと同様に諦めを知らぬ者であろう。

GIを6戦走り3着以内が3回と実力は確かなのだが、あと一歩がとにかく遠かった。この現状に悔しさを噛み締めていたのは、シュヴァルグラン陣営である。姉のヴィルシーナ、妹のヴィブロスは、GIを制覇。勝ちきれなくても、諦めず走り続けているシュヴァルグランに対して陣営ができる事は一つ、最高の状態で本番に送り出す事であろう。

そんな彼に、GI制覇のチャンスが訪れる。舞台は2017年、ジャパンC。最高の仕上がりだったシュヴァルグランの鞍上に、世界トップクラスの名手H・ボウマン騎手が起用されたのだ。好位につけていたシュヴァルグランが、名手の合図とともに直線で勢いよく加速。前年覇者キタサンブラックを力強く交わすと、先頭でゴール。競馬ファンに「諦めぬ者に、勝利の女神は微笑む」と伝えるかのような、美しい勝利であった。

（朱鷺野真一郎）

父	ハーツクライ
母	ハルーワスウィート
母の父	Machiavellian
戦績	［7-7-7-12］
	ジャパンC
距離適性	中〜長距離
脚質	差し

ラニ

現在へと繋がる米国遠征をした「ゴジラ」

2013年生まれ
牡
芦毛

不朽の怪獣映画『ゴジラ』。2023年公開作品が邦画初のアカデミー賞視覚効果賞を受賞し、全米における邦画実写作品としても歴代1位の興行収入を獲得するなど世界中に根強い人気を誇る。ラニは、遠征先のアメリカで「Godzilla」と呼ばれた。激しい気性面が語られやすい彼ではあるが、日本馬における海外遠征への道を開いた先駆者であると私は思う。

UAEダービーを制覇した彼が次走に見据えたのは「スポーツの中で最も偉大な2分間」と呼ばれるケンタッキーダービー。超長距離輸送、日米で異なる馬場…様々な課題に阻まれ9着と大敗したが、続くプリークネスSでは5着に健闘。最終戦のベルモントSでは、最後方から徐々に進出を開始。直線では「Here comes Lani」とアナウンサーが叫ぶほどの末脚を披露したラニは3着で入線。惜しくも日本馬初の米国クラシック制覇とはならなかったが、彼は後進に多くの道筋を示した。例えば「JAPAN ROAD TO THE KENTUCKY DERBY」。ラニの挑戦がきっかけで制定された、日本馬のケンタッキーダービーへの出走権付与システムである。24年には、これを利用したテーオーパスワードが5着掲示板入りと大健闘を見せた。これからも彼が示した道筋を辿り、多くの日本馬が海外で躍動するだろう。

（作矩智満）

父	Tapit
母	ヘヴンリーロマンス
母の父	サンデーサイレンス
戦績	［3-1-2-11］ UAEダービー
距離適性	マイル〜中距離
脚質	差し

ブレイブスマッシュ

皇帝・帝王の血を海外で示した異色の英雄

2013年生まれ
牡
鹿毛

グランアレグリアやサリオスらが勝ち馬に名を連ね、出世レースとして定着した2歳重賞サウジアラビアロイヤルC。2015年に改称された際の初代王者がブレイブスマッシュである。4戦目で勝ち上がるとサウジアラビアロイヤルCで重賞に初挑戦。道中は6番手に控えて直線で抜け出すと、ハナ差で勝利。今後にも期待が持てるレースぶりだった。

ブレイブスマッシュの母父はトウカイテイオー。「皇帝」と呼ばれた無敗三冠馬シンボリルドルフの初年度産駒にして自身もクラシック二冠を含むGI4勝を誇り「帝王」と呼ばれたスターホースである。しかしルドルフ&テイオーが種牡馬生活を送ったのは外国産種牡馬全盛の時代。2010年代には「皇帝」「帝王」の血を継ぐ活躍馬も少なくなっていた。

そこに現れたのがブレイブスマッシュであった。だが、その後は善戦こそするものの、勝ち星に見放されるレースが続く。ところが4歳でオーストラリアに移籍すると、世界最高賞金の芝レースであるジ・エベレストで3着と好走。翌年には短距離GIを2勝し、6歳で引退。当地で種牡馬入りを果たして初年度産駒から重賞勝ち馬を輩出する。「皇帝」の血を継ぐオーストラリアからの刺客が日本のGIにやってくる。そんな日が楽しみだ。

（縁記台）

父	トーセンファントム
母	トーセンスマッシュ
母の父	トウカイテイオー
戦績	[5-8-6-15] フューチュリティS　マニカトS
距離適性	短距離
脚質	先行・差し

ディアドラ

遥かな旅路を走りぬいた、偉大なる女傑

2014年生まれ
牝
鹿毛

602日。週換算でおよそ86週に及ぶこの数字は、2019年〜20年にかけてディアドラが行った遠征の日数だ。これほどの長期間遠征するのは、異例中の異例と言っていいだろう（19年のドバイターフから引退となった20年11月のバーレーン国際Tまで）。

17年に秋華賞を制覇した彼女は、積極的に海外にも足を延ばした。彼女はその競走生活の中で、七つの国と地域を訪れており、その中には父ハービンジャーの故郷である英国も含まれていた。グッドウッド競馬場で開催される伝統の牝馬限定戦、ナッソーS。メダーイーが逃げる中、ディアドラは後方3番手で脚を溜め、O・マーフィー騎手の合図とともに内ラチ沿いから強襲をかけた。熾烈なたたき合いの末、先頭でゴールしたのはディアドラだった。この勝利はアグネスワールド以来19年ぶり2頭目となる英国GI制覇となり、また、ハービンジャーにとっても産駒初の母国GI勝利となった。

ディアドラがもたらした多くのノウハウは、ブリーダーズCやドバイワールドCなど、その後の日本馬の躍進に繋がった。これからの馬たちが彼女のノウハウを活かし、まだ見ぬ凱旋門賞などの世界の頂を攻略することを願ってやまない。

（作矩智満）

- 父　ハービンジャー
- 母　ライツェント
- 母の父　スペシャルウィーク
- 戦績　［8-5-4-16］ 秋華賞　ナッソーS
- 距離適性　マイル〜中距離
- 脚質　差し

ラッキーライラック

不屈であり続けた、もう1頭の天才牝馬

2015年生まれ
牝
栗毛

競馬には、「あの馬さえいなければ」と考えさせられる不運の名馬が存在する。GIを4勝した名牝ラッキーライラックですらそう思えるのだから、今思えば彼女が走っていたのはとんでもない時代だった。

デビューから3連勝でGI阪神JFを制し、3歳春のチューリップ賞を快勝。絶対的な牝馬クラシックの主役と目される中で、ラッキーライラックの前に立ちはだかったのが、もう1頭の天才少女アーモンドアイだった。いつものように正攻法でレースを進め、最後の直線では完全に抜け出しながらも、目の覚めるような天才少女の鬼脚に屈した桜花賞。続くオークス、秋華賞でも同馬の前になす術なく敗れた。その後は成績も下降し、燃え尽きてしまったかに思われたが、4歳時のエリザベス女王杯で復活V。5歳時には牡馬を相手に大阪杯を制し、秋には史上4頭目となるエリザベス女王杯の連覇を達成した。

約束された輝かしい未来から一度は転げ落ちながらも、そこから這い上がり古馬になってGIを3勝したド根性娘。引退するまでアーモンドアイとの再戦は叶わなかったが、古馬になって戦っていたら、果たしてどちらに軍配が上がっただろうか。

(安藤康之)

父 オルフェーヴル
母 ライラックスアンドレース
母の父 Flower Alley

戦績 [7-4-3-5]
阪神JF　エリザベス女王杯2勝　大阪杯
距離適性 中距離
脚質 先行・差し

アフリカンゴールド

再上昇により掴み取った、アイドルの未来

2015年生まれ
騸
栗毛

短い競走馬生活において、一度下降した戦績を再び上向かせるのは並大抵のことではない。鞍上変更、脚質転換、去勢…。これらの手立ては限られていて、一種の賭けでもある。6歳の暮れ、中日新聞杯。オープン入り後2年以上馬券になっていなかったアフリカンゴールドはその賭けに勝ち、再浮上のきっかけをつかんだ。前走から国分恭介騎手への乗り替わりと、徹底先行への脚質転換が奏功し、ブービー人気で2着。そして2カ月後の京都記念、再びブービー人気ながら2頭のGI馬を含む6頭の重賞勝ち馬にも臆せず、彼は堂々と逃げ切り、重賞初制覇を遂げたのだ。この勝利はターニングポイントと言ってもよいだろう。

その後2年にわたり現役を続け、ひたすら前へ前へ駆け続け、時折あわやのシーンを作るアフリカンゴールド。その姿は、SNSでの盛り上がりも追い風となり、数多のファンを惹きつける人気者に。そして翌年、ファン投票によって競走馬のぬいぐるみ「アイドルホース」となる栄誉にも浴したのである。ひたむきに逃げ続け、二つの意味でアイドルとなったアフリカンゴールドは引退後誘導馬となった。第二の馬生では「会いに行けるアイドルホース」として、競馬場を訪れるファンに愛嬌を振りまき続けることだろう。

（枝林応一）

父 ステイゴールド
母 ブリクセン
母の父 Gone West

戦績 ［5-3-1-31］
京都記念
距離適性 中〜長距離
脚質 逃げ・先行

マイネルファンロン

ファンに愛される「マイネル」の誇る良血馬

2015年生まれ
牡
青鹿毛

マイネルファンロンといえば、人気薄での大激走。函館記念で9番人気2着、巴賞で7番人気2着と驚かせ、ついには2021年に12番人気の新潟記念で勝利をあげた。

6歳末までは33戦中32戦が1800〜2000m戦という徹底ぶりだったが、7歳に2200m戦のアメリカジョッキークラブCで11番人気2着になると、天皇賞・春（6着）、宝塚記念（5着）と活躍の場を広げた。8歳でも障害に挑戦するなど意欲的な走りを続けている。

マイネルファンロンはいわゆる「マイネル軍団」の誇る良血馬で、その祖は1998年の4月からの2カ月で4戦して1勝2着3回という成績を残しつつ引退した牝馬マイネプリテンダー。母として5頭を産み、デビューした4頭は中山グランドJ勝ち馬マイネルネオス、皐月賞3着馬マイネルチャールズなど、全てが重賞馬となった。産駒のうち唯一の牝馬マイネヌーヴェルもフラワーC制覇など活躍をおさめ、そこから一族の繁栄が始まった。

そんなマイネプリテンダーのひ孫であるマイネルファンロン。彼が新潟記念を制した年には、半妹ユーバーレーベンがオークスを制した。23年にはマイネプリテンダーの孫であるマイネルグロンが最優秀障害馬となるなど、一族の勢いはまだまだ続く。

（緒方きしん）

父	ステイゴールド
母	マイネテレジア
母の父	ロージズインメイ
戦績	[5-5-3-34] 新潟記念
距離適性	中距離
脚質	差し

マルシュロレーヌ

砂の激流を泳いだ、世界の名牝

2016年生まれ
牝
鹿毛

半マイル44秒97。現地の英語実況が〝Blazing〟（火の出るような）と表した、日本ではありえない超ハイペースの激流で、マルシュロレーヌは後方3番手を追走していた。

未勝利戦終了間近の3歳8月に初勝利を挙げた彼女が、わずか2年余り後に牝馬ダート世界一決定戦、BCディスタフに駒を進めた。それだけでも快挙だ。

「こんなペースでは…」と諦めかけた次の瞬間、目を疑った。3コーナー手前、マルシュロレーヌが、スーッと進出を開始。それまで微動だにしていなかったO・マーフィー騎手の手がやおら動き始めた4コーナー出口、マルシュロレーヌは馬場の真ん中、扇の要の如く先頭に立ち、そのまま押し切った。史上初の快挙、夢を超えた現実が目の前にあった。

同年の米国最優秀古牝馬レトルースカ、2頭のケンタッキーオークス馬らトップホースを蹴散らして、マルシュロレーヌは日本馬として初めて海外ダートGIを、しかも本場アメリカのブリーダーズCを勝った。レースレベルの高さは、翌年の同レースをマラサート、ブルーストライプ、クレリエールの「2年連続出走組」3頭が上位独占したことからも明白。マルシュロレーヌは、後世に顕彰されるべき名馬である。

（枝林応一）

- 父　オルフェーヴル
- 母　ヴィートマルシェ
- 母の父　フレンチデピュティ
- 戦績　[9-2-2-9]　ブリーダーズCディスタフ
- 距離適性　中距離
- 脚質　差し

第3章 色褪せない新時代の記憶 2000年代

2000

クロフネ

日本競馬の眠りをさました白い〝黒船〟

1998年生まれ
牡
芦毛

歴史用語である「黒船来航」は嘉永6年（1853）のこと。日本史の大きなターニングポイントになった事件である。江戸は上を下への大騒ぎになったと伝わるが、幕府は事前に情報を入手して、準備もしていたようだ。1981年に国際競走ジャパンCを創設したJRAも、同じように数年後の「黒船来航」も十分に想定に入れていた。そして日本競馬にも黒船が現れる。2001年の日本ダービーから外国産馬が出走できることになり、「開放元年のダービー」を狙った素質馬たちが2歳戦にデビューした。時は20世紀末、00年のこと。馬主である金子真人氏も、開放元年を意識したうえで象徴的な意味合いをこめ、アメリカで購入したフレンチデピュティ産駒の芦毛馬に〝クロフネ〟と命名。この馬の登場は、本家の「黒船来航」と同じく、革命前夜に起きた日本競馬史上、最大級事件として位置づけられる。

デビュー戦は芝1600mで2着に敗れる。1000m通過61秒3のスローペースで、直線窮屈になりながら急追してのクビ差だった。折り返しの新馬戦は距離を延ばして芝2000m。テンに少し力みはあったが、完歩の大きな走法で好位を追走し、ほとんど持ったままの手応えで2馬身差の完勝。2分0秒7は京都のレコードだった。続くエリカ賞も2番手か

父	フレンチデピュティ
母	ブルーアヴェニュー
母の父	Classic Go Go
戦績	[6-1-2-1] NHKマイルC　ジャパンCダート
距離適性	短距離〜マイル
脚質	先行・差し

らアッサリと抜け出し3馬身半差。今度は阪神のレコードを更新した。続くラジオたんぱ杯3歳Sは終始外に逃げ気味で3着。アグネスタキオンがレコードで快勝し、内国産馬の難敵に跳ね返される格好になったが、その評価はいささかも揺るがなかった。

毎日杯でクラシックシーズンをスタートさせると、5馬身差の圧勝で芝の重賞初制覇。ダービーへの出走権を懸けてNHKマイルCに駒を進めると、出遅れから直線馬群を縫うように脚を伸ばして完勝。開業6年目の松田国英調教師はこのレースでGI初優勝。クロフネにとっても初めてのGI制覇となり、晴れてダービーの出走権を手にする。

「開放元年」初年度となる第68回日本ダービーで、外国産馬が出走できるのは2頭。クロフネとともにエントリーしたのはイギリス産馬ルゼルで、こちらはトライアルの青葉賞1着で2400mに結果を残しての出走だったが、一方のクロフネは少し寸詰まりに映る体型で距離は初めて。皐月賞3着のジャングルポケットに1番人気を譲り、自らは2番人気にとどまったのは、距離不安が懸念されたため。レースもその不安が露呈したかのような内容になった。重馬場でありながら1000m通過58秒4は掛け値なしに速く、クロフネは中団あたりを進み、ジャングルポケット、ダンツフレーム（皐月賞2着・3番人気）らと前後する位置で流れに乗れたが、勝負どころの反応は今ひとつ鈍い。直線は進路を外めに取ったとはいえ、歯痒いくらいに伸びないまま、ジャングルポケットから0秒9離された5着に終わった。

秋になると、これも前年から外国産馬に開放されることになった天皇賞・秋を目指して調整され、前哨戦として使われた神戸新聞杯でクビ+半馬身差の3着。10キロ増の明らかに余裕を残した馬体で、出遅れたうえ折り合いを欠きながら、使った上がりはメンバー最速。敗れはしたが、本番へ向けて確実な手応えを得る内容ではあった。

ただ、思いもよらぬ壁が立ちはだかった。ここも外国産馬に与えられた出走枠は2頭。名乗りを上げた古馬メイショウドトウ、アグネスデジタルは、獲得賞金で3歳馬のクロフネを上回ったのだ。これによってダートへの路線変更を余儀なくされる。

しかし、このことがクロフネの新たな伝説の始まりにつながるのだから、運命というのはわからない。

神戸新聞杯に続く2戦目として選ばれたのがダート1600mの武蔵野S。アメリカ産のダート血統とは言いながらも、実戦でダートを使われるのは初めて。1番人気ではあったが、半信半疑な部分がなかったわけではないはずだ。それでも蓋を開けてみればハイペースを楽々と追走し、4コーナーで先頭のサウスヴィグラスに並びかけると、直線は後続を引き離す一方。イーグルカフェ以下に9馬身差をつけ、1分33秒3という芝並みの時計で走り抜けて、ダート1600mのJRAレコードを樹立。まさに次元の違う走りを見せたのだった。

そして3歳秋の最終目標として照準を定めたジャパンCダートに駒を進める。

〝アメリカの一流馬〟の触れ込みで来日したリドパレスを含む5頭の外国馬と、日本馬10頭を従えての1番人気。スタート直後にイギリスのジェネラスロッシと接触して後方からのレースを強いられるが、向正面に入ってすぐに外めに出すと馬なりで先団に進出。4コーナーでは先頭に躍り出て、直線も軽く促しただけで前年の覇者ウイングアロー以下に、7馬身差をつける圧勝劇を演じたのだった。2100m2分5秒9は、従来の記録を1秒3更新するレコード。ダートの2戦はともにレコード勝ち、と仰天の結果になった。

翌年には新しい目標であるドバイワールドCへの挑戦が決まっていて、熱狂はさらに高まりつつあったが、12月下旬、右前浅屈腱炎を発症してプランは白紙に。26日に競走登録抹消と種牡馬入りが発表になった。

通算10戦6勝。芝1600mとダート2100mでGIを勝ち、四度のレコード勝ちを収めた。その成績だけでも十分に衝撃的だが、クロフネが日本競馬に与えたインパクトは、引退後の方が大きかったかもしれない。金子真人氏がクロフネで見た夢が潰えた2年後、氏が所有するキングカメハメハが登場し、その翌年のディープインパクトにつながる。本当の意味で、日本の競馬界を大きく変えることになったのだ。01年の年度代表馬に選出されたのは同い年のジャングルポケットだった。そのライバルとして、象徴的な存在として、クロフネの名前はセットで記憶しておかねばならない。改めてそう思うのだ。

（和田章郎）

ヒシミラクル

駆けだしたら決して止まらない穴馬ステイヤー

1999年生まれ
牡
芦毛

かつて馬券に名前はなかった。名もなき人が競馬場やウインズでマークカードを塗り、券売機から飛び出す馬券を掴み、人混みへと消えていく。的中すれば、おもむろに払い戻し機の列に並び、こっそり配当金を財布に忍ばせて、立ち去る。その列に並ばず、まっすぐ有人払戻窓口へ向かう人がいると、払い戻しの列に並ぶ人々がざわつく。それでも馬券には名前はなく、だれがどんな馬券を的中させ、100万円超えの帯封をつかんだのか特定されることはなかった。そんな時代に、「ミラクルおじさん」なる人がマスコミを賑わせた。噂では、単勝を転がし、2億円の払い戻しを獲得したらしい。もちろん、馬券の特定はしてはいけないこと。ダービーから転がし続け、3連勝で2億に達したなどなぜか詳細な噂が一人歩きした。最後は全額寄付したという話もあるが、これもJRAは正式にコメントしていない。

そんな「ミラクルおじさん」の由来であり、約2億円をつかませたのがヒシミラクルだ。通算2200m以上［4－1－2－5］、2000m以下［2－2－2－10］、重賞3勝はすべてGⅠ。距離の長い大舞台での強さはまさにステイヤー。3勝をあげたGⅠの直前のレースは6、7、1着。連勝は宝塚記念だけ。その宝塚記念とて6番人気、単勝1630円。人

父	サッカーボーイ
母	シュンサクヨシコ
母の父	シェイディハイツ
戦績	［6-3-4-15］ 菊花賞　天皇賞・春　宝塚記念
距離適性	長距離
脚質	差し

気薄が好走条件といっていい。いや、3番人気以内は［2－2－3－2］。未勝利を10戦目で脱出してから、条件戦時代は人気に推され、勝ち負けを繰り返していた。未勝利を勝つまで時間を要し、その後は惜敗を重ねながら、徐々にクラスを上げていく。これも古《いにしえ》のステイヤーに重なる。

ヒシミラクル最初のＧⅠ勝利となった菊花賞は10番人気。6月から中京→阪神→新潟→函館→阪神と活躍馬たちが休養に入った暑いさなかに走り続け、神戸新聞杯ではシンボリクリスエス、ノーリーズンら実績馬にはね返され、6着敗退。さすがに実力差と夏の疲れが出たという判断もあり、10番人気は妥当な評価でもあった。未勝利を勝ってから休みなく走ってきた戦歴は強調しづらい。だが、これもステイヤーにとっては自身を研ぎ、磨きあげるためにはなくてはならない時間だった。一戦必勝の現代競馬では到底想像できないかもしれないが、消耗を経験に変え、逞しくなる馬もまたいる。菊花賞は1番人気ノーリーズンが発馬直後に落馬する波乱で幕が開いた。未知なる距離にタフな馬場という過酷な条件で行われたレースはローエングリン、ダイタクフラッグら先行勢が次々と脱落していったようにサバイバルレースの様相を呈した。みんなが伸びあぐねる中、ヒシミラクルは3コーナーの下り坂を外から抜群の手応えで駆け下り、仕掛けながら先に動いたメガスターダムの外に並ぶ。最後の直線はニホンピロウイナー産駒とサッカーボーイ産駒が競り合いを演じ、最後に外からダンスインザダーク産駒ファストタテヤマが飛んできた。ヒシミラクルはいつの時代なのか分からなくなるカオスなゴール前を制し、見事に最後の一冠で大逆転を成し遂げた。

だが、菊花賞後は3連敗。それも11、12、7着とノーチャンス。やはり、あれは一世一代の大駆けであり、これ以上はない。天皇賞・春の7番人気はファンのそんな声が反映された。いや、ファンは忘れていた。ステイヤーは消耗して状態をあげていくことを。ヒシミラクルは敗戦を経て強くなる。レースは淡々と流れた。スタミナを温存し、ラストに賭ける。全馬、作戦は一致していた。ヒシミラクルは中団馬群の後ろ、終始、外目を悠然と走る。コーナーごとに生じる距離ロスなどなにするものぞ。無尽蔵の体力をして、淀の2マイルなど恐るるにたらず。3コーナーの丘の立ち上がりでヒシミラクルは大外を動き、1番人気ダイタクバートラムを置き去りにし、前を目指す。丘の下りの力を借り、エンジンの回転数をあげれば、追撃できるライバルはもういない。直線一本にかけたサンライズジェガーも馬群を縫ってきたダイタクバートラムも、どこか淀の2マイルへの不安があったからこそ、鞍上が戦略を巡らせ、工夫を施さなければならなかった。正攻法で駆け抜けたヒシミラクルとの差は火を見るよりも明らかだ。淀に集ったファンは後悔した。7番人気という低評価に。

菊花賞、天皇賞・春と淀の長距離GⅠを連勝し、ステイヤーとしての揺るぎない評価を手にした一方、だからこそ、さすがに宝塚記念は距離が短かろう。またも6番人気の伏兵にすぎなかったのは、ステイヤー資質をファンが認めた裏返しでもある。シンボリクリスエス、ネオユニヴァース、アグネスデジタル。確かに役者は天皇賞・春より一枚上。これらを相手に中距離では厳しかろう。しかし、これら有力差し馬勢の存在を先行勢が意識したことで、ハイペースを誘発した。梅雨らしい力のいる馬場に厳しい流れ。当然、最後はスタミナ勝負になった。まさにヒシミラクルがもっとも得意とする形だ。淀のように坂の下りを使えない阪神では、さほど強烈なまくりこそ打てなかったが、伸び始めたら最後。絶対に止まることはない。首が高く、不器用そうなフォームであっても、決して脚はあがらない。これぞステイヤー、まさにヒシミラクルの競馬だ。後方から飛んできたツルマルボーイの瞬発力をクビ差しのぎ、三度目のGⅠウイナーになった。

このレースのあと、「ミラクルおじさん」はまるで都市伝説の1頁のように忽然とあらわれた。宝塚記念でヒシミラクルの単勝を的中させ、2億円近い払戻金を手にしたことが報じられ、その素性に対する考察が飛び交った。いわく30、40代のサラリーマン、いわく東京都在住、タイムトラベラー説まである。だが、ネット投票や承認欲求を増幅させるSNSが未発達だったあの時代、馬券に名前はなかった。ヒシミラクルによって馬券を打ち砕かれ、うなだれる人波に紛れ、消えていった「ミラクルおじさん」。回り込んでその顔を拝んでみような ど無粋でしかない。今も昔も馬券に名前はない。それでいい。

（勝木淳）

2
ミラクル

2002年　第63回
菊花賞
優勝　ヒシミラクル

眠れる素質馬が大番狂わせ。
菊の舞台で芦毛が躍動。

1番人気ノーリーズンと武豊騎手の落馬から始まった菊花賞。
積極的な競馬で勝利をあげたのは10番人気のＧⅠ初出走ヒシミラクル。

ネオユニヴァース

熱いハートとクレバーな頭脳、魅惑の二冠馬

2000年生まれ
牡
鹿毛

ネオユニヴァースは可愛らしく、そしてクレバーさとハートの強さを持った馬だった。

我々が種牡馬の見学に訪れる際、多くの種牡馬は、放牧地にいても牧草を食んだりしながら自分の時間を過ごし、見学に来ているファンに興味を示さない。そもそも種付けをする立場の馬というのは、それぞれが自身を「群れの王」と自覚している、プライドの高い存在である。それがGⅠを勝つようなチャンピオンホース、ましてダービー馬ともなれば、たとえ年老いていたとしてもその瞳の奥には静かな闘志がたぎり、独特の風格を帯びている。だからこそダービー馬は、一般のファンから見ても、気高く凛々しく感じられるものである。

その一方で、ネオユニヴァースはどうだっただろう。私の記憶を振り返れば、ファンが馬房に近寄れば小窓から顔を出し、放牧地に近寄れば、今度は牧柵の側まで駆け寄ってきて可愛らしく愛嬌を振り撒く姿ばかりが浮かぶ。少なくとも種牡馬としてレックススタッドで生活を送っていた彼は、そんな可愛らしい馬だった。それはまるで、我々が彼を見に来ているということを理解したうえでファンサービスを行っているかのようで、アイドルホースというのは、真に彼のような馬のことを言うのかもしれないと思うほどだった。惜しむらくは彼

父　サンデーサイレンス
母　ポインテッドパス
母の父　Kris

戦績　[7-0-3-3]
皐月賞　日本ダービー
距離適性　中〜長距離
脚質　差し

が馬であって言語を用いることができなかったこと。もしも我々と同じような言語を用いてコミュニケーションを取れたとしたら、彼はもっとたくさんの人々を虜にしていたに違いない。あの姿や振る舞いから類推するに、ネオユニヴァースはきっと、「いいヤツ」だったに違いない。私は、そんな彼に魅了された一人だった。

誰よりもネオユニヴァースという馬に魅了されたのが、Ｍ・デムーロ騎手だろう。今ではＪＲＡ所属の騎手として活躍するデムーロ騎手に、初めて日本のＧⅠタイトルをプレゼントしたのが他でもないネオユニヴァースだった。

若くしてイタリアのトップジョッキーとしての地位を確立していたデムーロ騎手は、20歳だった１９９９年に競馬を求めて日本までやってきた。そこから来日を重ね、コンスタントに成績をあげるようになっていた03年の春、大きな転機が訪れた。

クラシックに向かう有力馬のうち、きさらぎ賞を制したネオユニヴァースと前年の2歳王者エイシンチャンプは、ともに瀬戸口勉調教師の管理馬であり、前走を福永祐一騎手とのコンビで勝利を収めていた。遅くとも皐月賞で直接対決を迎えることがほぼ決定的な2頭の鞍上をどうするか――そんな状況で白羽の矢が立てられたのが、デムーロ騎手だった。当時、弱冠24歳だったが、彼は舞い込んだ大チャンスを完璧にものにするのである。

初コンビとなったスプリングＳで勝利を収め、皐月賞で堂々1番人気に支持されたネオユニヴァースとデムーロ騎手。終始外を回って勝ち切った前哨戦とは違って内枠からそっとスタートを切ると、外の各馬を前に行かせ、スローペースに落ち着いた馬群の中で中団の最内をキープしてレースを進めた。そして最後の直線、スローペースでごった返した馬群にほんのわずかなスペースが開くと、ネオユニヴァースは自らそこに突っ込んでいった――。

ネオユニヴァースがその生涯であげた七つの勝ち星には、後続を大きく突き離したものはない。いずれの勝利も2着馬が2馬身以内に収まっている。名馬たちにありがちな突出したレースというものはないが、逆に言えば、勝たねばならぬ競り合いには確実に勝ってきたとも言える。見学の際にネオユニヴァースが「まるで我々が彼を見に来ていることを理解」しているようだったと上述したが、そういった意味では、競り合いに強い「負けたくない」という勝負根性は彼自身のクレバーな一面に起因するものだったのかもしれない。

わずかな隙間に突っ込んでいったネオユニヴァースは、外から迫るサクラプレジデントに耳を絞り、明らかな抵抗の意思を示しながら競り合い続け、最後はアタマ差だけ競り落としてデムーロ騎手に記念すべき国内GⅠタイトルをプレゼントした。感情を爆発させたデムーロ騎手が、ゴール後にサクラプレジデントの田中勝春騎手の頭を叩いたシーンは今でも競馬ファンの間で語り草になっている。

デムーロ騎手はネオユニヴァースのことを「どんな馬よりもハートが強い馬」だと評する。

ともにダービーを制した後、三冠を目指してチャレンジした菊花賞では3着に敗れて快挙達成とはならなかったが、ネオユニヴァース自身は最後まで諦めず、前を行く馬に食らいつこうとしていたという。そのくらいのメンタルの強さがなければ、皐月賞であんなに狭いところを割って来ることは不可能だろう。そして、ダービー勝利後に古馬に混じって宝塚記念、菊花賞の後にジャパンCへ参戦と、3歳馬ながら1年で9走、しかもそのうちGI5走という過酷なローテーションに耐え切ることも難しかったかもしれない。

種牡馬となってからのネオユニヴァースは、初年度産駒から皐月賞馬アンライバルド、ダービー馬ロジユニヴァースを輩出し、クラシック二冠それぞれで早々に父仔制覇を達成。産駒が次々と勝利を重ねて中央と地方を合わせて3000以上の勝ち星を挙げるなど、父サンデーサイレンスの後継種牡馬として十分すぎる成績をあげた。デムーロ騎手はその産駒のうち、ヴィクトワールピサとのコンビで有馬記念を制した後、日本馬として初めてドバイワールドCを制する偉業を成し遂げ、さらにそのヴィクトワールピサの産駒であるジュエラーで桜花賞を制するなど、親仔三代に渡ってその手腕でGI制覇に導いた。その勝利は、ドバイワールドCが半馬身差、有馬記念と桜花賞がハナ差と、いずれも接戦を制してのもの。もしかするとネオユニヴァースに由来するクレバーさとハートの強さが、最後の一押しに繋がったのかもしれない。

（秀間翔哉）

スティルインラブ

勝負強さと反骨心で手にした17年ぶりの偉業

2000年生まれ
牝
栗毛

2024年のヴィクトリアMは、単勝208・6倍の低評価を覆したテンハッピーローズが優勝。同馬はロベルト4×4のクロスを持ち、血統論の定型文である「大一番に強いロベルト」をまざまざと見せつけた。そして同時に、牝馬三冠馬スティルインラブを連想したファンも多かったのではないだろうか。

JRA史上2頭目の牝馬三冠を達成したスティルインラブは、父がサンデーサイレンスで母父がロベルト。通算成績は16戦5勝で、三冠レース以外に勝利した重賞はない。そのため、史上初の牝馬三冠馬で、各トライアルも全て制したメジロラモーヌに比べれば、少なくとも成績に関しては見劣るといわざるを得ない。ただ、スティルインラブには大一番を勝ち切る勝負強さがあった。決めるときは決める、そんな魅力を持つ牝馬として愛された。

欠点が少ないのも、スティルインラブの特徴だった。激しくイレ込んだり、著しく折り合いを欠いたりといったことがほとんどない。強いていうなら紅梅Sで喫した出遅れだが、直線で豪脚を発揮するとゴール前で逃げ馬を楽々捉え、デビュー2連勝を飾っている。

さらにもう一つ、彼女の勝負強さを際立たせたのが同世代の強力なライバル、アドマイヤ

父	サンデーサイレンス
母	ブラダマンテ
母の父	Roberto
戦績	[5-2-1-8] 桜花賞　オークス　秋華賞
距離適性	中距離
脚質	差し

グルーヴの存在だった。同じくサンデーサイレンス産駒のアドマイヤグルーヴは、母がオークスと秋の天皇賞を制し年度代表馬にも選出されたエアグルーヴ。その母ダイナカールもオークス馬という日本が世界に誇る良血で、この世に生まれ落ちた瞬間からGI馬になることはもちろん、母仔三代オークス制覇を宿命づけられたような馬だった。しかも、桜花賞までの道のりはスティルインラブと対照的。新馬戦、エリカ賞、若葉Sと、デビューから3戦すべて1800m以上の牡馬混合戦に勝利し、本番へと駒を進めてきたのである。

それでも、スティルインラブは持ち前の勝負強さでこの素晴らしいライバルをことごとく退け、自身に関わる人たちの悲願や宿願も叶えてみせた。デビュー戦から現役最後のレースとなった府中牝馬Sまで手綱をとり続けた幸英明騎手もその一人である。

スティルインラブと三冠レースを駆け抜けた03年は、幸騎手にとって節目のデビュー10年目だった。5年目以降はコンスタントに年間50前後の勝ち星をあげていたものの、ビッグタイトルには縁がなく、特に阪神のマイルGIでは2、3着が2回ずつと、度々悔しい思いをしていた。さらに、前哨戦のチューリップ賞でも直線で進路が塞がり、脚を余しての2着。3戦目で初めて土がつき、桜花賞では絶対に負けられないというプレッシャーを抱えることになったが、幸騎手とスティルインラブはしっかりとこの重圧に打ち克った。

1番人気の座こそアドマイヤグルーヴに譲ったものの、出遅れたライバルを尻目にスッと好位を確保し流れに乗ったスティルインラブは、直線で自慢の豪脚を披露。内からしぶとく伸びるシーイズトウショウや、外から襲いかかるアドマイヤグルーヴを引き連れるように先頭でゴール板を駆け抜け、夢にまで見たビッグタイトルを獲得したのである。続くオークスはアドマイヤグルーヴが最も力を発揮できる舞台と思われたのか、同馬の単勝オッズ1・7倍に対して、スティルインラブは5・6倍。人気では大きく水をあけられたが、この評価に桜花賞を制した人馬が燃えないはずはなかった。前走から一転、中団待機策をとったスティルインラブと幸騎手は、府中の長い直線でまたしても末脚一閃。伸びあぐねるライバルを置き去りにし、堂々、二つ目の栄冠を勝ち取ってみせた。

一方、スティルインラブを管理する松元省一調教師もまた、ともに宿願を叶えた一人だった。松元省師の代表的な管理馬と聞いて真っ先に名前が挙がるのはトウカイテイオーだが、同馬は無敗でダービーを制した直後に骨折が判明。残念ながら、史上初となるシンボリルドルフとの父仔無敗三冠の夢は儚くも潰えてしまった。

しかしそれから12年。今度は、管理馬が牝馬三冠を狙えるところまでやってきた。ところが、ついに1番人気で迎えた前哨戦のローズSで、スティルインラブは宿敵アドマイヤグルーヴの前に5着に敗れてしまう。実は、この頃からスティルインラブは調教で耳を絞るようになっていたのだ。欠点が少ない馬から出た僅かな綻び——。偉業達成へにわかに暗雲立ちこめる中、またしても2番人気に甘んじた秋華賞で、みたび人馬は一体となった。

決して有利ではない17番枠から五分以上のスタートを切ったスティルインラブは、アドマイヤグルーヴにマークされながらも中団につけると、3コーナーから早くも進出を開始。続く4コーナーで先団に取り付くと、迎えた直線、逃げ込みを図るマイネサマンサを巡り、これまで見られなかったライバルとの一騎打ちがついに実現した。

牝馬三冠に向かって突き進むスティルインラブと、母仔三代GI制覇を成し遂げるため、必死に前を追うアドマイヤグルーヴ。互いに負けられない意地と意地のぶつかり合いが300m近く続いたが、この日もスティルインラブの勝負強さは健在だった。道中の不利がほとんどないフェアな戦いの末についた着差は3／4馬身と僅かでも、十分に決定的といえるもの。こうして、デビュー10年目の騎手に悲願のタイトルをもたらしたスティルインラブは、調教師の12年越しの宿願も叶え、自身は17年ぶりの偉業を達成したのである。

その後、エリザベス女王杯で再び一騎打ちを演じた末にハナ差アドマイヤグルーヴに先着を許したスティルインラブは、そのレースも含めてまさかの9連敗。僅かな綻びはやがて大きな綻びとなり、最後まで元に戻ることはなかった。それでも、彼女の活躍がいまだに語り継がれるのは、三冠達成以上に印象的だった抜群の勝負強さと、人気に反発する反骨心のような科学では説明がつかない不思議な力を兼ね備えていたからだろう。

（齋藤翔人）

ドリームジャーニー

父の血を感じる、愛すべき不器用なアイドル

2004年生まれ
牡
鹿毛

「ちっちゃい馬だなぁ」——朝日杯FSのパドック中継でドリームジャーニーの姿を見た時、私は率直にそう感じていた。

父のステイゴールドも小さな馬で、キャリアを通じて450キロを超えたことは一度もなかったが、この時のドリームジャーニーの馬体は416キロとステイゴールド並みのサイズ。当然、朝日杯FSに出走するライバルたちの中で最も小さな馬体だった。歴代の朝日杯FS勝ち馬と比べてもここまで馬体重が軽い馬はいなかった。

父の香港名「黄金旅程」の連想で「夢のような旅路」と名づけられたというエピソードがある馬だけれど、こんなところまで父をマネしないでも…と思いながら、現役時代はGIで毎回のように惜敗続きだった父の走りを思い浮かべた私はこの時、ドリームジャーニーを無印にした。同じコースの芙蓉Sで勝っているとはいえ、あのステイゴールドの息子が小回りコースの中山、それもGIの舞台で器用に立ち回って勝ち切る姿なんて想像できなかったからだ。

ところが、ドリームジャーニーはスタートで出遅れたにもかかわらず、直線であっさりと

父　ステイゴールド
母　オリエンタルアート
母の父　メジロマックイーン

戦績　[9-3-5-14]
朝日杯FS　宝塚記念　有馬記念
距離適性　中〜長距離
脚質　差し

突き抜けて快勝。2歳王者に輝くとともに父ステイゴールドにGⅠタイトルをプレゼントしてみせた。

4角12番手から上がり3ハロン34秒0のキレる脚をみせたレース振りは詰め甘だった父とは大違いで、馬券を外した悔しさはともかく「これは来年のクラシック戦線で主役になるだろうな」と、ドリームジャーニーの大成を感じていた。

だが、ドリームジャーニーは3歳春になると皐月賞8着、ダービー5着と戴冠どころかまさかの馬券圏外に散るという敗戦続き。秋になって神戸新聞杯を武豊騎手とタッグを組んで勝ったかと思えば、菊花賞ではまた5着でクラシック三冠は無冠のまま終了。この間も上がり3ハロンの時計は毎回メンバー上位の記録を叩き出してはいたが、勝ち切れないのであれば何の意味もない。

彼を本命にした馬券を買い続けた私は当然、レース後に毎回、愚痴をこぼすようになっていた。

その後は中距離からマイル路線に活路を見出そうとしたドリームジャーニーだったが、今度は勝ち負けどころか掲示板にすら入れない大敗続き。それも父のような惜しい敗戦ではなく豪快に敗れ続けた4歳のドリームジャーニーを見て私は「早熟な馬だったのかな？」と評価を下げた。

そんなドリームジャーニーは4歳夏、私の評価をあざ笑うかのように小倉記念、朝日チャレンジCと連勝。だが、勢いづいた中で迎えた天皇賞・秋ではウオッカ、ダイワスカーレットらに続く4番人気に支持されるも結果は10着。2頭の牝馬による伝説の叩き合いのはるか後ろを追走するだけだった。

「ローカルGⅢなら勝てるけれど、GⅠでは足りない馬」という評価が定まりかけた5歳時、ドリームジャーニーは突然目覚めた。

中山記念2着、大阪杯1着というステップで臨んだ天皇賞・春では菊花賞以来となる3000mオーバーのレースだったにもかかわらず3着に食い込むと、続く宝塚記念では出遅れながらも末脚が爆発して快勝。

断然人気に推されていたディープスカイを寄せ付けず、朝日杯FSから実に2年半ぶりとなるGⅠ制覇を果たしてみせた。

さらに天皇賞・秋6着をステップに臨んだ有馬記念では小回りの中山コースにもかかわらず、これまた後方一気の末脚で早めに仕掛けたブエナビスタを差し切って見事に勝利し、グランプリ春秋制覇を達成。父ステイゴールドが何度挑んでも勝てなかったレースを軽々と制してみせたのだった。

この後もドリームジャーニーは7歳まで現役を続行したが、以降は6歳秋のオールカマーで2着に入ったのが最高着順で、この時の有馬記念が結果的に最後の勝ち鞍に。6歳時の有馬記念からラストの3戦は上がり3ハロンの時計も34秒台後半を出すのが精いっぱいとなり、末脚のキレも鈍ってしまっていた。

晩年は馬券圏内どころか掲示板に入ることすらできず、父のようなあと一歩届かない惜敗キャラというよりはホームランか三振かの一発屋な印象が強く、馬体の軽さ以外はあまり似ていない感じがした。

全31戦中、21戦で出遅れるというスタート難を抱えたところや東京競馬場で未勝利だったように左回りのコースを苦手としていたところ、そして頑固なまでに後方一気にこだわり、毎回のように上がり3ハロンで速い時計を出し続けるというレーススタイルを見ると、父ステイゴールドにも見られた不器用さが、愛すべき息子であるドリームジャーニーにも感じられる。

「なんだかんだ言っても、やっぱり親仔だな」と、ドリームジャーニーの戦績を振り返ると私は今でもクスっとしてしまう。

こうして見ると父ステイゴールドほどわかりやすくはなかったかもしれないが、ドリームジャーニーも多くのファンの心を摑んだ〝愛すべき不器用なアイドルホース〟だったと言えるだろう。

（福嶌弘）

コラム

前評判を覆した不屈の「代替種牡馬」たち

近年の日本競馬における最強馬、イクイノックス。同馬が誕生したのは当然ながら父であるキタサンブラックが誕生したからであり、それはその父であるブラックタイドが種牡馬となったことに由来する。そのブラックタイドを「代替種牡馬」と呼ぶ人もいる。そうした背景を持つブラックタイドの系譜から最強馬が登場したのである。

代替種牡馬とは、種付け希望が集中したり種付け料が高騰したことで種付けしにくくなった種牡馬に似た血統として種牡馬になった馬を指す。その中から思わぬ活躍をする馬が登場することは少なくないが、それがイクイノックス級となると話が変わってくる。

代替種牡馬の有名どころとしては米国からの輸入馬ブライアンズタイムが挙げられる。三冠馬ナリタブライアンをはじめ、マヤノトップガン、タニノギムレット、サニーブライアンなどを輩出。孫世代でもウオッカやエスポワールシチー、マイネルグロンにミックファイアと様々な名馬が活躍している。輸入馬選定の際、当初は芝の活躍馬サンシャインフォーエヴァーを希望していたが金額面で折り合いがつかず、ダート馬ながらサンシャインフォーエヴァーと同父・同母母・同母父と血統が非常に近いブライアンズタイムが代替として挙がったのであった。ナリタブライアンの三冠達成が１９９４年、マヤノトップガンが年度代表馬となったのが95年で、96年にサンシャインフォーエヴァーも輸入されているものの活躍馬を出せずに種牡馬を引退している。ブライアンズタイムはまさに、前評判を覆した好例だ。

さらに遡ると、84年生まれからイナリワン、86年生まれからオサイチジョージ・ロジータらを輩出したミルジョージの代替種牡馬として需要があったマグニテュードも代表例。マグニテュード自身は未勝利馬だったがミルジョージと同じくミルリーフ産駒であることで人気を集めた。中でも89年生まれの産駒ミホノブルボンは皐月賞とダービーを制して、年度代表馬に輝いている。マグニテュードは他にも桜花賞馬エルプスや、高松宮記念の勝ち馬マサラッキなどを輩出。良血馬とはいえ、６戦未勝利馬とは思えない種牡馬成績を残した。

他にもサンデーサイレンスの場合は2世代目から未出走馬のエイシンサンディ、重賞1勝馬のアグネスカミカゼらが種牡馬として牝馬を集めた。ディープインパクトの場合、産駒というよりも兄弟に先行需要があり、オンファイアとブラックタイドはGⅠ未勝利でも人気種牡馬となった。とはいえ、3戦1勝で引退したオンファイアがラストランの東京スポーツ杯2歳Sで先着を許した2頭はフサイチリシャール・メイショウサムソンと強豪馬。さらにブラックタイドは怪我をする前にスプリングSと若駒Sを制している。結局のところ代替種牡馬で成功する馬たちは、類稀なる才能を秘めた名馬なのだろう。

（横山オウキ）

タップダンスシチー

遅れてきた2000年世代の代表馬

1997年生まれ
牡
鹿毛

「最強世代論争」は、「最強馬論争」とともに競馬ファンが大好きなテーマだ。この最強世代論争の中で、1997年生まれ（2000年クラシック世代）は少々分が悪い。皐月賞・菊花賞の二冠馬エアシャカール、日本ダービー馬のアグネスフライト。クラシックを制した2頭が、その後GⅠの勲章を積み上げることができなかったからである。しかし、この世代にも他の世代と互角以上に渡り合った馬がいた。芝・ダートGⅠ級6勝のアグネスデジタル、そして6歳でジャパンC、7歳で宝塚記念を勝ったタップダンスシチーである。

タップダンスシチーがGⅠの表舞台に初登場したのは2002年暮れの有馬記念で、すでに5歳となっていた。人気はデビューから6連勝で秋華賞、エリザベス女王杯を制したファインモーションと、3歳にして天皇賞・秋を制するなど戦績に穴のないシンボリクリスエス。どちらもタップダンスシチーより2歳年下、前途洋々の3歳だ。他に人気上位は、1歳年下のダービー馬ジャングルポケット、1歳年上の菊花賞馬ナリタトップロードなどがいた。同い年の5歳は5頭いたが、二冠馬エアシャカールでも7番人気と、やはり世代全体の評価が低かった感は否めない。勲章はGⅢ朝日チャレンジC一つ、27戦目でようやくGⅠの舞台に

父 Pleasant Tap
母 All Dance
母の父 Northern Dancer

戦績 ［12-6-7-17］
ジャパンC　宝塚記念
距離適性 中〜長距離
脚質 逃げ・先行

辿りついたタップダンスシチーは13番人気。戦績からは妥当な人気と言えた。

しかしいざゲートが開くと、タップダンスシチーは堂々の立ち回りを見せた。一度はファインモーションにハナを譲ったが、向正面で交わすとペースを上げ、直線でも十分と思える差をつけ逃げ込みを図った。惜しくもゴール直前でシンボリクリスエスの鬼脚に屈したが、勝ちに等しい2着に粘り込んで見せた。ちなみに筆者はこの有馬の馬連を取ったが、タップの実力を見抜いたというよりは、穴狙いが功を奏したに過ぎない。

明けて6歳。「有馬激走の穴馬」というイメージを、彼は自らの走りで取り払っていく。彼の逃げ、先行スタイルはファンの信頼を引き寄せ、実力と人気が噛み合っていった。金鯱賞、京都大賞典とタイトルを積み重ね、ついにジャパンCではシンボリクリスエスや3歳年下のダービー馬・ネオユニヴァースらに1秒5差をつける圧逃劇でGⅠ初勝利を飾った。

その後、7歳の宝塚記念は先行押し切りの強い勝ち方でGⅠ2勝目。翌年の宝塚記念は7着に敗れたが、8歳で断トツ1番人気だったのは印象深い。そして引退レースの有馬記念。4歳年下のハーツクライが勝ち、5歳年下のディープインパクトが2着。タップダンスシチーは12着に敗れたが、直線入り口まで先頭を守った走りは、あらゆる世代と対峙した古豪のプライドを感じさせるものだった。

（三原ひろき）

ダンツフレーム

シルバーコレクターを脱した宝塚記念馬

1998年生まれ
牡
鹿毛

ダンツフレームは、名種牡馬ブライアンズタイムの8世代目として生まれた。同期のブライアンズタイム産駒にはタイムパラドックス、ビッグゴールドなど個性派が揃う。そんなダンツフレーム自身も、どちらかと言えば、スマートなサラブレッド然としていたわけではなく、ぽっちゃり系のイメージの名馬であった。しかし、そんな見た目とは裏腹に、彼は成長を遂げると、競馬界を大いに盛り上げた1頭として輝くようになっていくのだった。

ダンツフレームはぽっちゃり系とはいえ、持っている脚力はかなりのものだった。山内研二厩舎おなじみのピンクのメンコを装着して、デビュー戦こそ取りこぼしたが折り返しの新馬戦で初勝利。オープンのききょうS、続く野路菊Sを連勝して重賞戦線に顔を出すこととなる。

4歳となり、きさらぎ賞に出走したダンツフレーム。結果はアグネスゴールドの2着だったが、同じくブライアンズタイム産駒であるビッグゴールドには先着するなど、重賞レース初挑戦としては順調なスタートを切る。続くアーリントンCでは後方待機策からゴール直前に先行馬をハナ差抑えて重賞初制覇。クラシックロードに名乗りを上げた。

父	ブライアンズタイム
母	インターピレネー
母の父	サンキリコ
戦績	[6-6-0-14] 宝塚記念
距離適性	中距離
脚質	差し

皐月賞ではアグネスタキオン、ジャングルポケットに次ぐ3番人気でアグネスタキオンの2着。続くダービーまでにアグネスタキオンの戦線離脱があったが、またしてもジャングルポケット、クロフネに次ぐ3番人気に推されて、結果もジャングルポケットの2着に終わる。春の二冠をともに2着と好走していることから、秋には菊花賞にてGⅠ戴冠を目指したものの、牡馬クラシック最終戦はマンハッタンカフェの5着に敗れた。

だからと言って、ダンツフレームはいわゆる善戦マンやシルバーコレクターのままでは終わらなかった。古馬になると、春の目標を安田記念と宝塚記念に定める。まずは京王杯SC（4着）で始動し、安田記念に出走。レースでは好スタートから位置を下げて後方に待機。直線で外に出して目覚ましい伸びを見せたが先に抜け出したアドマイヤコジーンを捉えきれずに2着に終わった。次走は春競馬の掉尾を飾る宝塚記念。この年はやや手薄なメンバーだったということも手伝い、久しぶりの1番人気に推された。

――今度こそ、という思いが陣営にもあっただろう。ローエングリンが逃げる中、外に出したダンツフレームは大外を回したツルマルボーイと並んで追い上げ、最後はツルマルボーイをクビ差制してゴール。待望のGⅠ初制覇を飾った。GⅠ5戦2着3回、5着2回と悔しい思いをしてきた同馬にとって、大いなる夢が叶った瞬間である。

（高橋薫）

タニノギムレット

他馬と異なる歩みで、たどり着いた頂点

1999年生まれ
牡
鹿毛

2002年のクラシック戦線は、例年と異なる状況だった。クラシック初戦の皐月賞では同条件の弥生賞優勝馬バランスオブゲームが7番人気8着、皐月賞との関連が深い共同通信杯を制したチアズシュタルクも5番人気12着。若葉S優勝馬シゲルゴッドハンドは11番人気13着。そしてスプリングS優勝のタニノギムレットは1番人気ながら3着。優勝馬は若葉S7着だったノーリーズンで単勝万馬券、2着も弥生賞で3着に敗れたタイガーカフェが入り馬連は530倍の大波乱となった。

レースを振り返ると、1番人気だったタニノギムレットのコース取りが大波乱を呼び起こしたように思える。

4コーナーでは10頭ほど外に回して直線勝負に挑むも前をとらえきれず。展開の不利を受けた形となり、タニノギムレットが一番強い、と今なお感じる内容だった。次走でNHKマイルCに出走すると、直線で1馬身ほど前にいたテレグノシスが右に斜行、これで進路を塞がれたタニノギムレットは必死に追い込むも2馬身差の3着。「運がない」と感じるGI2戦だった。

父　ブライアンズタイム
母　タニノクリスタル
母の父　クリスタルパレス

戦績　[5-1-2-0]
日本ダービー
距離適性　中距離
脚質　差し

その後中2週で日本ダービーに出走すると、同馬は過去の鬱憤を晴らしてみせる。皐月賞で敗れたノーリーズンをマークするように12番手で追走。4コーナーで外から追い込むと、前を行くシンボリクリスエスを交わして先頭ゴール。ノーリーズンには0秒7、前走で悔しい思いをしたテレグノシスには1秒の着差をつけるなど、過去2戦の雪辱を果たした。

皐月賞→NHKマイルC→日本ダービーという変則路線を歩んだダービー馬など他に例がなく、その意味でも貴重な1頭である。しかし、この変則路線が影響したのか左前浅屈腱炎を発症、ターフを去ることとなった。

その直後、シンボリクリスエスが天皇賞・秋と有馬記念を制覇しており、ダービーはハイレベルだったと改めて感じさせられた。もしも無事だったら…と改めて思わされる強さだった。

種牡馬となった同馬はダービー馬のウオッカを送り出す。ウオッカも桜花賞から日本ダービーを勝利するなど、父と同じ変則路線で世代の頂点に立っている。

歴代の父仔ダービー制覇はシンボリルドルフ&トウカイテイオー、ネオユニヴァース&ロジユニヴァースなど7例あるが、父娘としてダービーを制したのはタニノギムレットとウオッカのみである。

（小川隆行）

ノーリーズン

皐月晴れに瞬いた、幸運の彗星

1999年生まれ
牡
鹿毛

2002年の皐月賞が終わって1時間後の西船橋駅ホーム。地下鉄東西線を待つ列の中で、誰かが発した言葉、「ドイルってどこの国の人?」に一瞬騒めいた。誰もが口に出さずとも、同じことを思っていたはずだ。短期免許で初来日のB・ドイル騎手が、15番人気ノーリーズンを御して優勝。直線、大外から追い込む人気のタニノギムレットの前に、白い帽子の「知らない馬」が先頭に立っていた。ノーリーズンの名を、その時新聞を見て確認した人も多くいたはずである。それほど、ノーリーズンの優勝は、衝撃的なサプライズだった。しかも騎乗したドイル騎手は、日本ダービーへの継続騎乗依頼を受けたにもかかわらず、皐月賞の翌週に突如帰国してしまう。皐月賞を勝たせるためだけに来日したような形となったドイル騎手の存在は、ノーリーズンをミステリアスな馬にする逸話の一つである。

ノーリーズンは02年開催初日の新馬戦で初陣を飾った。1カ月後のこぶし賞も勝利し、2連勝を成し遂げる。新馬→特別の連勝により、陣営は皐月賞を意識したローテーションとしてトライアル若葉Sに駒を進めたが7着。ここで、皐月賞出走への道は閉ざされ、日本ダービーへ目標を切り替えるものと思われていた。ところが、そんなノーリーズンに幸運が舞い

父	ブライアンズタイム	戦績	[3-1-0-8] 皐月賞
母	アンブロジン	距離適性	中距離
母の父	Mr. Prospector	脚質	差し

込む。この年の皐月賞出走ボーダーラインが収得賞金900万まで下がり7分の2の抽選をクリアし出走にこぎつけたのだ。「運の良さ」だけで皐月賞を制覇することは普通に無理な話だ。たまたまドイル騎手の手が空いていてコンビが決まり、ゲートインしたところまでは「運の良さ」を感じる。しかし、ゲートが開いて2000mを先頭で走り切ったことは、紛れもなくノーリーズンの実力である。レースはメジロマイヤーの誘導で始まり、ノーリーズンは終始中団の内を進む。そして4コーナーを回る時、ノーリーズンは内から外へ瞬間移動したかのような動きを見せる。直線ぽっかり前が空いた真ん中を気持ちよく進み、いつの間にか先頭に立っていた。道中はノーリーズンの名がほとんど登場しなかった実況も、直線はノーリーズンの連呼に変わる。それは、ドイル騎手がゴールと同時に右手を挙げるまで続いた。

彗星のごとく現れたヒーローは、続く三冠路線でも主役になっていくと思われた。しかし二冠目の日本ダービーは、2番人気ながら直線で伸びを欠き8着。秋は神戸新聞杯2着を経て、迎えた菊花賞。圧倒的1番人気のノーリーズンは、スタート直後に武豊騎手を振り落とす「大事件」を起こしてしまう。結局彼は、皐月賞以降に勝利を摑むことなく引退した。

皐月賞で一瞬の輝きを放ったノーリーズン。毎年、皐月賞になると「15番人気の衝撃」を思い出すファンも多いという。実にミステリアスなアイドルホースである。

（夏目伊知郎）

ゴールドアリュール

大種牡馬の「後継馬」筆頭と言えるダートの雄

1999年生まれ
牡
栗毛

「サンデーサイレンスの後継馬」と言われて最初に思い浮かぶのはどの馬であろうか。ディープインパクト、ステイゴールド、マンハッタンカフェ等、多くの名馬が候補に挙がるだろう。しかし今名前を挙げた馬のいずれもが、ダートGIを勝利していない。サンデーサイレンス自身がダートの本場アメリカの二冠馬であるにもかかわらず、だ。もちろん、日本のダート競走の体系整備が遅れていた点は考慮に入れねばならないだろう。それでも、サンデーサイレンスの直仔でダートGIを制しているのがゴールドアリュールただ1頭であるという事実は大きい。それを踏まえるとこの馬も「後継馬」筆頭の有力候補と言えるのではないか。

ゴールドアリュールの現役当時はサンデーサイレンス産駒が芝GIを席巻。この馬も初重賞を日本ダービーで迎えた。2002年のダービーと言えば1番人気タニノギムレット、2番人気ノーリーズン、3番人気シンボリクリスエスと多士済々。それまでの3勝のうち2勝がダートと芝実績が少なかったゴールドアリュールは13番人気の低評価に甘んじたが、ここを2着シンボリクリスエスに0秒1差の5着と健闘するのだから、このまま芝路線に進む道もあったかもしれない。しかし池江泰郎調教師はこの馬はダートでこそ活きると判断。する

父　サンデーサイレンス
母　ニキーヤ
母の父　Nureyev

戦績　[8-1-1-6]
フェブラリーS　ジャパンダートダービー
ダービーグランプリ　東京大賞典
距離適性　中距離
脚質　逃げ・先行

と期待に応えてジャパンダートダービーとダービーグランプリという二つのダービーを連勝した。勝ち方も圧巻で、それぞれ2着に7馬身差、10馬身差をつけている。暮れの東京大賞典も制してこの年はGI3勝。「サンデーサイレンス産駒初のダートGI馬」どころか、最優秀ダートホースにまで上り詰めた。

翌03年もフェブラリーSを勝って日本最強ダート馬の地位を確立し、次に見据えたのは世界戦。ドバイワールドCへの出走を表明したが、折悪くイラク戦争が開戦してしまう。結局、中東情勢の悪化により遠征を断念することになった。国内に矛先を変えて出走したアンタレスSを圧勝して臨んだ帝王賞。全く伸びず11着に大敗するとレース後に喘鳴症（ノド鳴り）が判明、底を見せることなく引退が決まった。

その後、ゴールドアリュールは種牡馬としても活躍。アメリカのダート王たるサンデーサイレンスの後継馬としてGI級11勝のコパノリッキー、同9勝のエスポワールシチーら、日本ダート界の一流馬を多数輩出した。加えて22年にナランフレグが高松宮記念を勝ったことで、芝適性まで証明。改めてその血の優秀さを示した。24年にはコパノリッキー産駒のテーオーパスワードがサンデーサイレンスも制したケンタッキーダービーで5着と健闘。この血統からケンタッキーダービー馬が出る日がやってくるかもしれない。

（縁記台）

アドマイヤジャパン

CMにも出演、無敗の三冠に抵抗した良血馬

2002年生まれ
牡
栗毛

人それぞれに気持ちいい寝る姿勢がある。どんな姿勢であっても心地よく寝られるよう変幻自在に形を変えてくれる大きなビーズクッションは、一度その味を覚えたらやめられない。そのコマーシャルでサラブレッドが青空いっぱいの放牧地で人間と同じようにビーズクッションに寝っ転がる様が映され、まさか馬まで虜にするとはと驚いた。そして、競馬ファンはそれがアドマイヤジャパンだと知り、二度びっくりした。重賞勝ち馬が広大な北の大地でクッションに頭を乗せ、とろけるような表情でのんびり過ごす映像は、競走馬の余生が取り沙汰される昨今、これ以上ないプレゼントでもあった。

そんなビーズクッション愛好家アドマイヤジャパンは父サンデーサイレンス、母ビワハイジ、下にはアドマイヤオーラ、ブエナビスタら活躍馬がズラリと並ぶ良血馬だ。

デビュー3戦目の京成杯を勝ち、重賞勝ち馬の仲間入り。そして弥生賞であのディープインパクトと対戦した。若駒Sで観衆の度肝を抜いた英雄は弥生賞でどれほどのパフォーマンスを示すのか注目された。4コーナーで上昇するディープインパクトに対し、好位に控えたアドマイヤジャパンは位置取りの優位性を活かし、クビ差敗れたものの、最後まで抵抗して

父	サンデーサイレンス
母	ビワハイジ
母の父	Caerleon
戦績	[2-2-2-4] 京成杯
距離適性	中〜長距離
脚質	先行

みせた。ディープインパクトの勝利の中で、唯一タイム差なしの接戦でもあった。

だが、その後も対ディープインパクト3連敗。肉薄した弥生賞の記憶も薄れた菊花賞でアドマイヤジャパンは魅せた。ディープインパクトの単勝オッズは元返しの1・0倍。無敗の三冠がかかった一戦はどんな勝ち方をするのか。その一点にかかっていた。

序盤は中団で行きたがる素振りを見せる中、アドマイヤジャパンは大逃げに持ち込むシャドウゲイトに果敢についていく。後ろにいるのは歴史にその名を残すだろう極上の切れ味の持ち主。一発かますなら、自身の体力をギリギリ温存しながら、引き離すより他にない。そして迎える最後の直線。シャドウゲイトを捉え、内ラチ沿いで必死に粘り込む。離れた大外から飛ぶように英雄がやってくる。そう簡単には無敗の三冠を達成させはしないという横山典弘騎手の意地と一世一代の大勝負が三冠の価値を高め、勝って当たり前という雰囲気に緊張感を走らせた。残り200mを過ぎ、ディープインパクトは並ぶ間もなく、歴史の彼方へと駆けていった。

繰り返し流される無敗の三冠のゴールシーン。一瞬だけ映るアドマイヤジャパンは確かに敗者でしかない。だが、脇役の1頭にすぎなかった馬が、ビーズクッションを人のように使いこなすという特殊技能を会得し、コマーシャルの主役を張った。なにより北海道で穏やかに余生を過ごしていることに安堵する。


（勝木淳）

メイショウサムソン

成長は止まらない、第一線を走り続けた名馬

2003年生まれ
牡
鹿毛

のっけから個人的な話になるが、メイショウサムソンは二冠馬の中でも思い出深い1頭だ。2006年のクラシックシーズンの前だったたと思う。何かの拍子に前歯が欠けて、その少し前からお世話になっていた歯科医院に。若い男の先生で、後から知ったが美浦トレセン脇にある診療所（馬ではなく、厩舎関係者を中心にした〝人間〟相手の）に研修医的に週に何度か勤務されていたそうな。で、開業した頃に知人から紹介された先生だった。すぐに仮歯を入れる応急処置をしてもらい、その後どう治療を進めるかというヒアリングの段になった時だった。

「入れた歯の様子はどうですか」と質問を受けた。

「慣れないせいか発音が…サ行の音が抜けやすく、メイショウサムソンなんてのが言いにくかったりします」と答えると、即座に笑いながら「なるほどお。じゃあサイレンススズカなんてとんでもないですね」と返ってきて、「ああ、そうですそうです」と二人で爆笑に…。

閑話休題。春のクラシックの二冠馬は、それだけで名馬と呼ばれる資格を有するが、一方で〝三冠〟には届かなかった事実に思いを巡らすと、複雑な感情も入り混じってくる。それだけ〝春の二冠馬〟は個性が様々で、いろんな語り口が可能になる。

父 オペラハウス
母 マイヴィヴィアン
母の父 ダンシングブレーヴ

戦績 [9-7-2-9]
皐月賞　日本ダービー　天皇賞・春、秋
距離適性 中〜長距離
脚質 先行

06年のメイショウサムソンは春二冠を達成した後、菊花賞で4着に敗れた。常にある程度先行して、追い出されてからもある程度しっかり伸びる。決め手には欠けるが大崩れもない。レースぶりからは地味な印象を受けるも、その後激変するから競馬はおもしろい。

サラブレッドの1歳は、人間における3年分とも4年分とも言われる。では1年を4季に分けて考えることができると想像するなら、半年間で印象が変わって不思議はない。春の二冠馬に共通するのは、急激な成長が春先に起こりやすいことだが、スプリングSからダービーの間のメイショウサムソンはわかりやすい例だった。2歳秋の東京スポーツ杯2歳Sの時と、3歳春のスプリングSの時とでは、パドックの気配やレースで見せる気迫までが別馬のようだった。皐月賞当時は立ち姿からして大物感が出て、ダービーでは他馬を悠然と見下ろすような貫禄すら感じたものだった。そしてメイショウサムソンが非凡だったのは、3歳秋以降も成長曲線が停滞期に入らなかったことだ。古馬になって再上昇すると、GⅡ大阪杯を楽勝し、天皇賞を春秋で制した。その後、5歳で現役を終えるまで勝ち切ることは叶わなかったが、天皇賞・春、宝塚記念のGⅠで連続2着。凱旋門賞にも挑戦した（10着）。

早い段階から第一線で活躍し、地道に、堅実に長く走り続ける。これもまた一つの〝名馬〟の条件だ。そのことをメイショウサムソンは教えてくれた。

（和田章郎）

マツリダゴッホ

名伯楽の転換点、叩き上げの有馬記念勝ち馬

2003年生まれ
牡
鹿毛

2023年終了時点で現役最多の通算1060勝を挙げている国枝栄調教師。重賞は64勝で、GIは21勝。アパパネ、アーモンドアイの牝馬三冠馬を2頭送り出していて、〝牝馬の国枝〞と呼ばれるのも頷ける、生けるレジェンドだ。ただ、そのキャリアの大きな転換点になったのは牝馬ではなかった。90年に厩舎を開業してから、重賞初制覇は98年まで待たねばならなかった。04年までにGIは2勝するものの、ともにブラックホークによる勝利。05年～06年は重賞勝利からも見放される。06年終了時の通算勝利数395勝。実労17年を考えると悪い数字ではないが、逆に重賞7勝は意外に少なく感じられなくもない。

07年春、NHKマイルCでGI制覇を遂げたピンクカメオに関する取材中に、ジックリと話を聞くのが初めてだったにもかかわらず、師に直接、不思議さをぶつけてみた。

「少ないって言うんでしょ。そうなんだよ。でもね、やっと全体（管理馬）の質も上がってきたし、これからはもっと数を伸ばせると思うんだ」と笑いながら答えてくれた。

07年といえば、JRAが国際セリ名簿基準委員会（当時）からパートI国の指定を受け、日本の競馬サークルにとって大きな節目となる年だった。国枝厩舎も師の言葉通り、まずアメ

父 サンデーサイレンス
母 ペイパーレイン
母の父 Bel Bolide

戦績 ［10-2-1-14］
有馬記念
距離適性 中距離
脚質 先行

リカジョッキークラブC、前述のNHKマイルC、キーンランドC、オールカマー、富士Sと重賞5勝を積み上げた。そして破竹の勢いで向かったのがマツリダゴッホでの有馬記念だった。

レースぶりは圧巻だった。2枠3番から3番手インの絶好位を折り合って追走する。全体のペースが落ち着き、待機策の有力各馬が牽制し合う中、3コーナー過ぎから前にいるダイワスカーレットと並んで進出。直線を向いてダイワを振り切ると1馬身1／4差の完勝。単勝配当は5230円。ダイユウサクに次ぐ歴代2位の単勝高額配当だった。

国枝師のグランプリ初制覇を振り返る時、最も興味深いのは、折り合いに難しいところのあったマツリダゴッホを、1カ月前に美浦トレセンに導入されたニューポリトラックコースを使用して本格化させたことだ。「可能性があるなら試してみる」この姿勢がアパパネなどでも成功させた、いわゆる「栗東留学」にもつながるのだろう。

一方でマツリダゴッホの左回りの不振だけは、終生変わることはなかった。通算10勝はすべて右回りで挙げたもの。しかも重賞全6勝はオールカマーの3連覇を含んで、すべて中山競馬場である。これほどまでに中山に特化して好成績を残しているのだから、回り云々ではなく、単に特異な〝中山巧者〟の可能性もありそうだ。名伯楽にも〝摩訶不思議〟な伝説はある、ということ。だからこそ〝レジェンド〟として名前が残る。

（和田章郎）

マイネルキッツ

穏やかな余生を送る、人気薄を覆したGI馬

2003年生まれ
牡
栗毛

紙面で予想を打つようになって20年超。レースの格を問わず、会心のレースや悔しい思いをしたものまで数えだしたらキリがないが、一つ挙げろと言われたら2009年の天皇賞・春と答えている。本命は12番人気の低評価だったマイネルキッツ。2歳の9月にデビューしてから着実に力をつけて5歳の2月にオープン入り。その後は新潟記念や福島記念などローカル路線で善戦はするものの重賞制覇には届かず、天皇賞のステップに選んだ日経賞も2着。この詰めの甘さが軽視された要因の一つでもあった。この年の天皇賞・春は混戦模様で、上位人気の5頭が単勝1ケタ台。こういうレースは無欲で乗れる馬が狙いと感じ、勝ち味に遅いものの相手なりで大崩れはなく、それでもあまり注目はされないであろうマイネルキッツを本命候補の1頭にリストアップ。そして、早めに栗東へ入厩していた相棒の追い切りに騎乗した松岡正海騎手に感触を尋ねた。すると、「状態はかなり良いけど、相手も強いし、掲板に載れればいいかな」という返事。普段は強気のコメントが多いジョッキーにしては慎重！

1枠2番という絶好枠を引き当て、私は自信を持って◎を打った。

ゲートが開くとマイネルキッツと松岡騎手は折り合いも良く中団の内めを追走。そして勝

父 チーフベアハート
母 タカラカンナ
母の父 サッカーボーイ

戦績 [8-8-2-34]
天皇賞・春
距離適性 長距離
脚質 先行・差し

負どころとなる3～4コーナーの下り坂を利用して1番人気のアサクサキングスを射程圏に捉えるが、ここでも仕掛けを焦ることはなく、人気馬が外へ進路を取る中、直線に向いてインコースにスペースができると一気にスパート。一旦は抜け出しかけたところへ外からアルナスラインに迫られるが、馬体を併せるともうひと踏ん張りしてクビ差の勝利。単勝46・5倍、馬連102倍。これ以上の配当は何度も的中させているが、すべてが予想通りに運んだこのレースは自分の中でその数字以上に価値があり、松岡騎手がスタンドへ向かって左腕を高々と突き上げた瞬間の興奮は昨日のことのように覚えている。

このレースが印象深いもう一つの理由は、マイネルキッツが引退後に過ごしていた根岸競馬記念公苑で乗せてもらったためでもある。JRA主催の競馬関連施設見学会で同苑を訪れたのだが、かなりの気性難だった春の天皇賞馬を引き取る際に厩舎サイドから、「覚悟してくださいい」と言われたとか。そんな馬が、職員の方たちの努力で乗馬未経験者を（引き馬ではあるが）乗せられるまでに成長して人気者となる。おかげで私はその背中を味わえ、あの時のお礼もできた。GⅠで人気薄に本命を打ち、その期待に応えてくれた馬に跨がったトラックマンは世界中で私一人のはず。たくさんのひとたちに背中のぬくもりを伝えたマイネルキッツは現在、浦河町のうらかわ優駿ビレッジAERUで余生を過ごしている。

（久保木正則）

スクリーンヒーロー

好機を掴み続けた銀幕のシンデレラボーイ

2004年生まれ
牡
栗毛

ダートから芝へ、中距離からクラシックディスタンスへ、条件馬から連勝でGI馬へ、そして引退後には中堅種牡馬から人気種牡馬へ――。スクリーンヒーローは、一歩ずつ階段をのぼるように、自らの手でポジションを掴み取っていった馬である。

スクリーンヒーローは、1987年・88年の最優秀4歳以上牝馬ダイナアクトレスの血を受け継ぐ良血馬。祖母ダイナアクトレス、母ランニングヒロインを経由して「銀幕のヒーロー」と名付けられた。デビューから5戦はダート路線を使われていたものの、初の芝レースとなったスプリングSで5着と粘り、次々走以降は芝に専念するようになる。ダービー出走は叶わなかったが、ラジオNIKKEI賞で14番人気2着となると、9月にはセントライト記念でも3着に食い込んで素質の片鱗を見せる。ただ、このまま素質を開花させるかと思いきや、骨折により菊花賞は無念の回避。その長期休養中に管理する矢野進調教師が定年を迎え、鹿戸雄一厩舎へ転厩することとなった。

心機一転で、4歳8月に復帰を迎えたスクリーンヒーロー。復帰初戦の条件戦は、それまで経験してきた最長距離2200mよりも長い2600m戦であった。そこで勝利を収めた

父	グラスワンダー
母	ランニングヒロイン
母の父	サンデーサイレンス
戦績	[5-6-2-10] ジャパンC
距離適性	中〜長距離
脚質	先行

スクリーンヒーローは、以降、中・長距離を中心にレース選択をされていくことになる。2600m戦のオープン競走、2400m戦の条件戦で連続2着と好走すると、2500m戦のアルゼンチン共和国杯に格上挑戦。53キロのハンデも手伝い、条件馬ながら3番人気に支持されると、好位から積極的な競馬を見せて重賞初制覇を達成する。するとスクリーンヒーロー陣営は、同月のジャパンCへの出走を表明。8月の復帰から11月末までに5戦というタフなローテになったが、スクリーンヒーローの気力は充実していた。

ウオッカ、ディープスカイ、メイショウサムソン、オウケンブルースリ、マツリダゴッホ。実力馬が集結したジャパンCで、スクリーンヒーローは9番人気となる。前走同様に好位でレースを進めたスクリーンヒーローは早めに抜け出すと、後続の追撃を完封。連勝で一気にGI馬となっただけでなく、この走りで最優秀4歳以上牡馬にも選出されたのだった。

引退後、種牡馬となったスクリーンヒーロー。初年度は種付け頭数が84頭だったところを、国内外で大活躍したモーリスらを輩出したことで名声が高まり、最大で190頭に種付けするほどの人気種牡馬となった。そのモーリスも人気種牡馬となり、血が広がっている。

初芝や初長距離、初GI——数多くの挑戦を続けた結果、いつしか彼は年度代表馬の父にまで上り詰めた。未知の場で結果を出し続けた事に、彼の類稀な強さが見てとれる。

（横山オウキ）

サクセスブロッケン

二度、東京優駿の舞台に立った異例の人気者

2005年生まれ
牡
青鹿毛

終身雇用が崩壊したと言われる近年、誰もがセカンドキャリアを考えるべき時代に突入したとされる。競走馬・誘導馬という二つのキャリアで、本来は「一生に一度」と言われる日本ダービーの舞台に「二度」立ったサクセスブロッケンは、我々にそのお手本を示してくれた存在なのかもしれない。

漆黒の力強い馬体とは裏腹に、前脚の外向により脚部不安を抱えていたサクセスブロッケンは、負担が少ないダートでデビュー。すると、その類まれなる才能で圧勝に圧勝を重ねデビュー4連勝を果たした。

その才能は芝でも期待され、「一度目」となる日本ダービーへと歩を進める。ここまでの圧勝ぶりや血統背景に加え、皐月賞馬の故障回避により混戦ムードが漂っていたことも後押しとなり、初の芝レースながら3番人気に支持された。レースでは鮮やかに先手を取り、抜群の手応えで直線を迎えたのだが、結果はシンガリ負け。匿名掲示板でレース中に書き込まれた「サクセスブロッケン！！！！！」と叫ばれる断末魔が話題となり、その後は彼を表現する際の定番フレーズとなった。これが、ネット上での人気者になるきっかけとなった。

父　シンボリクリスエス
母　サクセスビューティ
母の父　サンデーサイレンス

戦績　[7-2-3-7]
フェブラリーS　東京大賞典
ジャパンダートダービー
距離適性　マイル〜中距離
脚質　先行

その後はダートに舞台を戻すと、早々にジャパンダートダービーを圧勝し3歳ダートの王者に。明けて4歳のフェブラリーSでは層の厚い古豪たちを撃破しダート界の王者に輝いた。さらに年末の東京大賞典でも勝利し、GI級競走3勝の実績を残して競走馬生活を終えた。

そしてその後、驚くべきセカンドキャリアが待っていた。東京競馬場の誘導馬としてデビューすると、マスコットキャラとして人気者になったのである。SNSデビューすると多くのフォロワーが集まった。そしてダービー特命宣伝部長として大手町へ来訪、ロボットが作られ新宿に登場、競馬場でジャンピングホースショーをお披露目など、活躍は多岐に渡った。

そして2020年、コロナ禍で開催された日本ダービーでは、静寂に包まれた東京競馬場で誘導馬の役目を託され、「二度目」の日本ダービーの舞台に立つことが実現した。それまで、大歓声の前では興奮してしまう気性から、その役目を担うことができなかったサクセスブロッケン。無観客開催という災いが転じて福となったと言える。

競走馬から誘導馬というキャリアは珍しいものではないが、マスコットキャラとして現役時代に勝るとも劣らない人気を集め、ついには日本ダービーの先導役を叶えたサクセスブロッケンのその生涯は、一筋縄ではいかない長い人生を歩んでいくこととなる我々現代人に、大きな勇気とヒントを与えてくれた。

（ムラマシケソゴ）

コラム

隔世の感あり!

昔の馬券と予想法はこんなにシンプル

あと2年で還暦を迎える筆者が初めて馬を好きになったのは昭和50年代後半。しんがりから直線で他馬をごぼう抜きするミスターシービーに憧れ、常に単勝を買い続けていた。1983年、昭和58年当時の馬券は単勝・複勝・枠連しかなく、馬券別のシェアは9割以上が枠連だった。圧倒的人気を集めた馬が単枠指定とされたのも、その馬が取り消したケースを想定したためだった。

当時の予想法は今ほど多くはなく、ほとんどのファンが競馬新聞を熟読して同コース、あるいは同距離でのタイムを比較していた。「このコースではA馬が強い」などのキャッチに目を魅かれたもので、競馬新聞の印が多い馬ほどオッズも低くなる傾向にあった。

近年はJRAが発する調教動画やレース動画を目にして狙い馬を決めるファンも多くなったが、当時は動画を観る手段も限られており、予想家はかなり重宝されていた。

著名な予想家の中でもっとも注目されたのは「神様」と称された大川慶次郎氏。フジテレビで「パドックで気になった馬」を毎週のように挙げていた。「私は生涯で1億円ほど払い戻していますが、購入額は2億円を超えています」との名言は今も耳に残っている。

91年に馬連が発売されて以降、馬券の種類は増えていった。ワイド・馬単・3連複、3連単にＷＩＮ5。馬券の種類が増えるとともに、高まったのが競馬予想雑誌の隆盛である。

90年当時は競馬予想雑誌が次々に創刊された。オグリキャップの登場で競馬ブームが沸き上がると最高で20誌前後が発売された。競馬専門紙やスポーツ紙は翌日のレースを予想する媒体だったが、競馬予想雑誌では「回収率２００％の予想術！」などと射幸心をあおるキャッチを入れ、的中馬券とともに数多くの予想法を掲載していた。騎手や調教師へのインタビューはもちろん、競馬でメシを食っている、と語る予想家も数多くいたが、ほとんどが馬券で食べておらず、予想を売ってメシを食っていた。

ネットが主流となった現在、紙媒体の購買層は50代以上の年配者がメインとなった。今も売られている競馬予想雑誌は『競馬の天才！』『競馬王』『競馬大予言』のわずかに3誌のみ。紙媒体として長く続いて欲しいものである。

長いこと競馬をやってきた筆者が今も変わらずに注目しているのがローテーション＝「叩き2＆3戦目」である。前々走で鉄砲走りをした馬が前走で着差を詰めた場合、「今回は勝負駆け」とみられる。過去に勝たせてくれた騎手とコンビを組んだ場合、オッズはさらに高まるが、この戦術は昔も今も変わらぬ予想法である。

（小川隆行）

ラガーレグルス

人の手で道を断たれた、不遇の馬

1997年生まれ
牡
青鹿毛

24年前、競馬関連の仕事をしていた筆者は、中山競馬場で皐月賞を観戦した。もっとも期待していたのがラガーレグルス。デビューから2連勝後、デイリー杯3歳Sを2着。朝日杯3歳Sでは7着に敗れたものの、続くラジオたんぱ杯3歳Sを制し、皐月賞とダービーを目標としていた。前走の弥生賞は3着だったが、2着のエアシャカールとはクビ差である。過去の好走4レースをみると、枠順はすべて6番以内であり「内枠だと好走するタイプ」にも思えた。ゲートが開きスタートを切る中、立ち上がったラガーレグルスはゲートを出られず、枠内で暴れてしまった。係員が4人ほどかけつけている。

競馬を始めて半世紀以上が経つが、あのような光景を目にしたのは後にも先にもこの時のみだった。重賞ウィナーである以上、ダービーの出走権は手にしたのも同然である同馬に、競馬会は2回のゲート審査を施した。1回目の京都では合格したものの、2回目の東京では大声で暴言を浴びせたファンに驚き、再びゲート内で暴れた…。ダービー出走を夢見ていた佐藤哲三騎手が怒りを覚えたのも納得できたが、結局は不合格でダービー不出走。同馬は人間不信に陥ったそうである。

（山本和夫）

父	サクラチトセオー
母	レインボーパーク
母の父	ドン
戦績	[3-1-1-3] ラジオたんぱ杯3歳S
距離適性	中距離
脚質	差し

カルストンライトオ

今なお破られぬ記録、新潟に愛された韋駄天

1998年生まれ
牡
黒鹿毛

外枠が異常に強いなど、他のコースと異なる特殊性をもつ新潟直線1000mは、実に22年間もレコードが破られていない。2002年アイビスサマーDに出走したカルストンライトオの記録である。レコードレースの場合、2着以下との着差をみると、優勝馬の突出度がみえてくる。この年の同馬は2着に2馬身、3着に3馬身差をつけた。2着馬は前年に安田記念2着となったブレイクタイムであり、勝利の価値がうかがえる。レース史上最高の「後続との差」であった。もっとすごいのが、2年後の同レースで2着馬に3馬身差をつけて重賞2勝目を挙げると、次走でスプリンターズSをも制したことである。アイビスサマーDの優勝馬でスプリンターズSも制したのはこの馬のみ。しかも2着はGI2勝馬デュランダル。同馬を4馬身もチギったのである。

通常1000mを勝つと距離延長に追いつけない馬が多いが、この馬だけは例外だった。セリ取引価格1890万円の馬は4億円以上を稼いだが、血統的に一流ではないこともあってか、産駒に重賞ウイナーは出なかった。今年2月に訃報を耳にして、同馬のレースを見直してあらためて感じた。こんな馬は二度と現れないと。

（小川隆行）

父	ウォーニング
母	オオシマルチア
母の父	クリスタルグリッターズ
戦績	[9-4-7-16] スプリンターズS
距離適性	短距離
脚質	逃げ

ビリーヴ

ファンを魅了した完全無欠のスプリント女王

1998年生まれ
牝
鹿毛

ビリーヴほど1200m戦を愛し、1200m戦に愛された馬も珍しい。28戦10勝という戦績のうち、10勝すべてが芝の1200m戦。得意条件のみに絞ってレース選びをしていたわけではない。むしろ1400m戦の京王杯SCにも二度出走し、安田記念をはじめマイル戦には五度挑戦した。特にデビューした頃は様々な条件に挑み、マイル戦でも良い走りっぷりを見せたため、かえって関係者の判断を鈍らせたようにすら思う。

彼女の現役ラスト年は完全に1200m戦と相思相愛。高松宮記念で2着に1馬身差をつけて快勝したかと思いきや、京王杯SCで8着、安田記念で12着と惨敗する。しかし夏に函館スプリントSを勝利すると、続くセントウルS、スプリンターズSも連続2着と得意距離に戻った途端に好走を連発した。ただその頃にはファンも彼女の適性に気がついていたようで、京王杯SCは4番人気、安田記念は9番人気と低評価としながらも、夏秋のスプリント戦では3戦連続で1番人気に推していた。それほど、彼女の好走条件は顕著だった。

母となってもビリーヴと1200m戦との好相性は続く。特にジャンダルムは7歳でスプリンターズSを勝利し、母仔制覇という大偉業を成し遂げた。

（横山オウキ）

父 サンデーサイレンス
母 グレートクリスティーヌ
母の父 Danzig

戦績 ［10-3-5-10］
スプリンターズS　高松宮記念
距離適性 短距離
脚質 先行

イングランディーレ

一世一代の逃走劇で7馬身差完勝の天皇賞馬

1999年生まれ
牡
鹿毛

武豊騎手騎乗のリンカーン、前年二冠馬ネオユニヴァース、菊花賞馬ザッツザプレンティ、ダービー2着・有馬記念3着馬ゼンノロブロイ。「4歳四強」と称された2004年の天皇賞・春に出走したイングランディーレ。3歳末までに挙げた3勝はすべてダート。芝での2戦はいずれも4着以下だった。しかし明け4歳、四度目の芝、ダイヤモンドSを逃げ切って重賞初制覇を飾ると続く日経賞も押し切って連勝。天皇賞・春こそ9着と敗れたが秋にはブリーダーズゴールドC、白山大賞典と2000m超のダートグレードを連勝。わずか8カ月で芝ダートを股にかけ重賞4勝を挙げ、「二刀流ステイヤー」としての才能を開花させた。

5歳春には前走船橋のダイオライト記念という異例のローテで再び天皇賞・春に挑戦。スタートからハナを切った鞍上の横山典弘騎手は、愛馬に言葉をかけ続けた。気分よく走れたのか、イングランディーレは向正面で後続との差を広げながらマイペースのレース運びで2着ゼンノロブロイに7馬身差の圧勝劇。横山典騎手は先頭でゴールした直後「してやったり」とスタンドに勝利のポーズをみせた。芝で12戦走り重賞3勝、ダートで22戦走り重賞2勝。母父リアルシャダイから受け継いだスタミナで一世一代の勝利を手にした。

（後藤豊）

父　ホワイトマズル
母　マリリンモモコ
母の父　リアルシャダイ

戦績　[8-3-2-21]
天皇賞・春
距離適性　長距離
脚質　逃げ・先行

デュランダル

今も語り継がれる、「聖剣」の英雄的な末脚

1999年生まれ
牡
栗毛

デュランダルの国内戦績17戦8勝のうち、上がり最速だったレースは実に15回。勝利数のおよそ倍の数だけ、上がりでトップを獲得していることになる。その極端な戦績から受ける印象と同様に、見るものの脳裏に深い衝撃を刻み込む見事な末脚の持ち主だった。

デビュー当初から素質馬として期待を集めていたデュランダルだが、初のGⅠ挑戦では10着に敗れ、1800m戦の中山記念でも9着に敗れるなど、意外にも苦戦した時代は長い。デュランダルの転機となったのは2003年のセントウルS。テンシノキセキ、ビリーヴと2頭の牝馬に敗れたものの3着に食い込み、重賞で初めて馬券圏内に食い込んだ。鞍上はこれが初騎乗となる池添謙一騎手で、ここから引退まで解消されることのない名コンビとなった。コンビ結成2戦目のスプリンターズSでGⅠ馬の仲間入りを果たすと、次走のマイルCSでも勝利。現役を代表する快速コンビとして、短距離界を牽引した。

引退後は父としてエリンコート、母父としてブローザホーンやチュウワウィザードらを輩出。ブローザホーンの宝塚記念やチュウワウィザードのチャンピオンズCなど、子孫が上がり最速で勝利したとき、ファンはデュランダルの末脚に想いを馳せるのだ。

（横山オウキ）

父　サンデーサイレンス
母　サワヤカプリンセス
母の父　ノーザンテースト

戦績　[8-4-1-5]
マイルCS 2勝　スプリンターズS
距離適性　短距離～マイル
脚質　追込

ポップロック

日豪で活躍した、長く良い脚を使う名脇役

2001年生まれ
牡
鹿毛

遡ること18年前の有馬記念。ディープインパクトの引退レース前夜、筆者は飲み仲間との競馬談義で有馬記念を1点予想した。「2着はポップロックがおもしろい」と仲間に話した記憶が今も脳裏に残っている。5歳春、デビュー15戦目で3勝目を挙げると、4連勝で目黒記念を制し重賞ウイナーに。5カ月の休養を経てオーストラリアに渡り、コーフィールドCを経て迎えたメルボルンCでは同厩舎の菊花賞馬デルタブルースにハナ差の2着。ここまで20戦して「6－1－7－6」だが、長くいい脚を使う馬は好調期が長く続くタイプでもあり、「状態としては今がピーク」と感じた。2番人気のドリームパスポートは前走のジャパンCで2馬身差2着、3番人気のダイワメジャーは2000m超の好走は皆無。二冠馬メイショウサムソンもジャパンCでディープインパクトの6着に敗れていた。

競馬仲間と中山の指定席へ入り、ディープインパクトが先頭でゴールした瞬間、周囲の競馬ファンが「いいぞディープ！」などと叫ぶ中、2着馬に目が行った筆者は唯一「よっしゃーポップロック！」と同馬の名前を叫んだ。GⅠレースでの1点勝負で初的中。今も脳裏に残る思い出だ。

（後藤豊）

父	エリシオ
母	ポップス
母の父	サンデーサイレンス
戦績	[7-5-9-17] 目黒記念2勝
距離適性	中〜長距離
脚質	先行・差し

カンパニー

本当のフィナーレは、まだ見ぬ未来へ

2001年生まれ
牡
鹿毛

それは演劇や小説などで、すべてがめでたく収まる結末を指す時に用いる言葉である。史上初めて8歳でGIを制したカンパニーは、4～7歳で4年連続重賞勝利を果たしていることからも分かる通り、本質的にはいわゆる晩成型の競走馬ではなかったように思う。

彼を変えたのは、横山典弘騎手との出会いだろう。それまでのスタイルから一転して、好位抜け出しという戦術の引き出しを増やしたことが、6年にも及んだ競走生活のフィナーレに繋がったと言える。引退レースとなったマイルCSのゴールの際に送られた「カンパニー劇場、大団円！」という言葉は、そんな彼に対する重みを増した言葉だった。

引退後は種牡馬入りし、決して多いとは言えない産駒の中からウインテンダネスが2018年の目黒記念を制するなどしたが、その活躍を見届けた同年末に17歳でその生涯を閉じた。

こうしてカンパニー劇場の幕は下りた…誰もがそう思っていた24年、怪我のため種牡馬入りを断念したと報じられていたウインテンダネスが一転して種牡馬入りを果たした。どうやらカンパニー劇場の本当の「大団円」は、もう少し先にあるようだ。

——大団円。

（秀間翔哉）

父　ミラクルアドマイヤ
母　ブリリアントベリー
母の父　ノーザンテースト

戦績　［12-4-1-18］
天皇賞・秋　マイルCS
距離適性　マイル～中距離
脚質　先行・差し

デアリングハート

ダートの素質も示した、無敗三冠牝馬の祖母

2002年生まれ
牝
栃栗毛

2005年クラシック世代と言えば、牡馬にディープインパクト、カネヒキリら、牝馬にラインクラフト、シーザリオらが揃う個性豊かな世代。デアリングハートはその中でGⅠの壁に跳ね返され続けた馬であった。3歳時には桜花賞3着、NHKマイルC2着。古馬になってからも、GⅢ勝ちこそあるものの、ヴィクトリアM3着などGⅠの壁は破れなかった。

その中で迎えた07年の冬。翌年6歳になるデアリングハートは、クラブの規定で3月での引退が決まっていた。陣営は最後の一花を咲かせるべく、ダート挑戦を決断。するといきなり12月に船橋のクイーン賞で3着と好走し、年明けには大井のTCK女王盃（現・兵庫女王盃）で57キロの斤量を背負いながら2着に食い込んだ。ラストランとなるフェブラリーSでは7着に敗れはしたが、ダートの猛者たちを相手に果敢に2番手を確保し、直線で一度は先頭に立つ走りを見せた。ダートでの大きな可能性を見せての引退であった。

ダート女王決定戦となるJBCレディスクラシックの創設はデアリングハート引退から3年が経った11年のこと。24年には牝馬ダート路線のさらなる整備が行われた。生まれる時代が違ったら、世代の「牝馬筆頭」はこの馬だったかも知れない。

（縁記台）

父	サンデーサイレンス
母	デアリングダンジグ
母の父	Danzig
戦績	[4-4-4-14] クイーンS　府中牝馬S 2勝
距離適性	マイル〜中距離
脚質	先行

ラインクラフト

周囲に愛された、薄幸のマイル最強牝馬

2002年生まれ
牝
鹿毛

競馬史において唯一となる桜花賞・NHKマイルCの変則二冠を達成したラインクラフト。一方で前に出たい気持ちが強すぎて折り合いを欠き、取りこぼしてしまうこともしばしばあった。しかし、普段は競馬場での姿からは想像できないほどおっとりしていたという。ラインクラフトは厩舎で「クーちゃん」と呼ばれ、大人しく可愛らしい性格で愛された。ひなたぼっこが大好きで厩務員が馬房に戻そうとするとイヤイヤして動かない、食事のとき水で口をゆすぎながらカイバを食べるため床に濡れたカイバが落ちてベチャベチャになる、虫が苦手でハエがとまると機嫌が悪くなる…。このようなほっこりしたエピソードを聞くと、思わずこちらの表情も緩んでしまう。

そんなクーちゃんの面倒を見ていたのは、竹邑行生厩務員。オグリキャップの妹オグリローマンを担当していたベテランだ。フィリーズレビュー後に酷い筋肉痛が出たときは毎日遅くまで電波治療を施したという。その甲斐あって桜花賞の出走登録2日前に参戦が決定、伝説の幕が開いた。竹邑厩務員が愛情をもって育てたラインクラフトだったが、4歳夏に放牧先で急死してしまう。それでも彼女が残した記録は、今も燦然と輝き続けている。

（張凡夫）

父 エンドスウィープ
母 マストビーラヴド
母の父 サンデーサイレンス

戦績 [6-3-2-2]
桜花賞 NHKマイルC
距離適性 マイル
脚質 先行

トウカイトリック

2頭の三冠馬を知る実力派の名物「爺さん」

2002年生まれ
牡
鹿毛

2014年5月4日、京都競馬場。多くの人々が骨折で急逝したトウカイトリックを偲び、献花台の前で手を合わせていた。献花台を埋め尽くした人参に林檎、生前の写真や花束…。天皇賞・春に8年連続出走した名ステイヤーは、多くのファンに愛された馬だった。

トウカイトリックは12歳まで走り続け、生涯の出走レース数は「63」にのぼる。そのうち3000m超えのレースが、30戦以上。あまりに長い現役生活のため、ディープインパクトとオルフェーヴル、2頭の三冠馬と対戦したほどだ。そして彼を語る上で外せないのは、晩年まで重賞で勝利をあげていた事だろう。特に、10歳時のステイヤーズS制覇は、平地芝重賞における最年長勝利記録であり、鉄人と呼ぶに相応しい。長距離重賞に行けば彼に会えた、とすら言える。彼の急逝は「引退した今年は、天皇賞・春の誘導馬になった彼に再会できる」と、楽しみにしていたファンを大いに悲しませた。そして天皇賞・春、関西テレビ実況の岡安アナが全馬紹介していく中、最後にもう1頭、トウカイトリックを紹介した。「天国から後輩たちの活躍を、見守っています」と。岡安アナの異例とも言える紹介に、ファンは改めてこの馬がいかに愛された名ステイヤーだったかを実感した。

（朱鷺野真一郎）

父 エルコンドルパサー
母 ズーナクア
母の父 Silver Hawk

戦績 [9-6-5-43]
ステイヤーズS　阪神大賞典　ダイヤモンドS
距離適性 長距離
脚質 差し

カネヒキリ

屈腱炎を乗り越え、GⅠタイトルを手にした〝不死鳥〟

2002年生まれ
牡
栗毛

どんな競走馬であっても、怪我とは常に隣り合わせである。

小さな故障の一つも無く、キャリアを終える馬などほとんど居ない。カネヒキリは屈腱炎や骨折を乗り越え活躍した馬として、今でもファンや関係者の中で話題にあがる1頭だ。

振り返れば4歳春までは順風満帆。3歳時に世代の砂GⅠを完全制覇しただけでなく、秋にジャパンCダート、年明けにはフェブラリーSで古馬も撃破。同馬主、同時期に活躍していた名馬になぞらえ、「砂のディープインパクト」との異名も得た。だが、そんな彼を襲ったのは「屈腱炎」という不治の病。気づけば4歳秋から2年4カ月も表舞台から姿を消した。

中には故障や休養で調子を崩し、輝きを失う馬もいる。だが、カネヒキリは違った。復帰戦こそ9着だったが、直線で鋭く伸びた姿からは、復活に向けたひと筋の光を感じた。手応えを胸に挑んだジャパンCダートは、直線で一気に抜け出すと、追込馬をアタマ差振り切り栄光のゴール。実に2年10カ月ぶりのGⅠ勝ちで王者に返り咲いた。その後も骨折がありながら、8歳秋まで現役を継続。最後は屈腱炎の再発によって引退したが、度重なる怪我を乗り越えGⅠ級を7勝した姿は、まさに「不死鳥」だ。

（中川兼人）

父　フジキセキ
母　ライフアウトゼア
母の父　Deputy Minister

戦績　［12-5-1-5］
フェブラリーS　ジャパンダートダービー
ダービーグランプリ　ジャパンCダート2勝
東京大賞典　川崎記念
距離適性　マイル〜中距離
脚質　先行

エアメサイア

夢を叶えた名手の「恋人」

2002年生まれ
牡
鹿毛

エアメサイアは、数々の名馬の背中を知る武豊騎手にとっても、特別な1頭に違いない。

武騎手がデビューから引退まで一貫してその背中を譲らなかったGI馬は、意外にもこれまで5頭しかいない。ディープインパクト、アドマイヤベガ、ダンスインザダーク、マーベラスサンデー、そして唯一牝馬としてそこに名を連ねるのがエアメサイアなのである。少なくとも記録の上では、武騎手にとって指折りの1頭と言える。

エアメサイアは、かつて母が惜敗を続けた牝馬三冠路線に人気馬として参戦。しかし母が3着だった桜花賞で4着、オークスでは母娘二代続けての2着を記録する。母の名がエア「デジャヴー」、祖母の名は日本語訳で「夢破れて」なのだから、皮肉なものである。

しかし迎えた秋、エアメサイアはついに悲願を成就させる。前哨戦のローズSで桜花賞馬をゴール寸前で計ったように差し切ると、本番の秋華賞でもこれまた「デジャヴ」のような差し切り勝ち。見事に春の――そして母のリベンジを達成しGI馬の仲間入りを果たした。

それから11年後、愛息のエアスピネルが牡馬クラシックを皆勤することになるのだが…その背中が誰に託されたかは、あえて語る必要もないだろう。

（秀間翔哉）

父　サンデーサイレンス
母　エアデジャヴー
母の父　ノーザンテースト

戦績　［4-4-2-2］
秋華賞
距離適性　中距離
脚質　先行

テイエムプリキュア

魔法が解けたシンデレラが紡いだ物語

2003年生まれ
牝
黒鹿毛

シンデレラは午前零時に魔法が解ける——。この「午前零時」の直前を、ある馬が最も輝いた瞬間とするならば、テイエムプリキュアのそれは2歳女王となった瞬間だったと思う。「3戦無敗、脚質自在の2歳女王」という完璧すぎる肩書を手にして始まった彼女の物語は茨の道だった。期待された3歳春はすべて着外に終わり、故障で戦線離脱。復帰後も精彩を欠いた彼女の「2歳女王」という魔法は、いつしか解けてしまっていた。しかし魔法が解け、一度も勝利を上げられずとも、彼女は決して心が折れることなく走り続けた。

そして2歳女王に輝いてから4年後の日経新春杯。テイエムプリキュアは大逃げを打つ。49キロの軽量も、今までの経験も、降りしきる雨すらも力へと変え、懸命に逃げる彼女には誰も追いつけず、そのまま後続を3馬身近く引き離してゴールイン。見事な復活劇だった。

もしかすると彼女がかけられた本当の魔法は、「2歳女王」という一瞬の輝きと称号を与えられるようなものではなく、どんな苦難にも負けない不屈の精神を持つことができるようになる魔法だったのかもしれない。なぜなら彼女はこれをきっかけに、大波乱のエリザベス女王杯で再び「午前零時」の瞬間を迎えることとなるのだから。

（小早川涼風）

父	パラダイスクリーク
母	フェリアード
母の父	ステートリードン
戦績	［4-1-1-31］ 阪神JF
距離適性	マイル〜中距離
脚質	自在

フリオーソ

GⅠ級6勝、言わずと知れた地方最強馬

2004年生まれ
牡
栗毛

フリオーソは、地方競馬の枠組みを超え日本のダート史に残る1頭と言える。地方馬歴代最多の約8・4億円を稼ぎ、地方年度代表馬に4回選出。NARグランプリ7回表彰、フェブラリーSで2着など、輝かしい実績の数々は、どこを切り取ってもスケールが違う。

印象的な勝利も数知れないフリオーソだが、管理した川島正行調教師は引退式で2010年の帝王賞を一番に挙げた。同レースは苦しい流れからの脱却を図った一戦である。09年は状態がなかなか上がらず、東京大賞典は初めて地方で掲示板を外す7着。年明けもGⅠ級ではあと一歩の競馬が続いており、約2年ぶりのビッグタイトルを目指しての出走だった。

だが、相手は14頭中11頭が重賞ウイナーと超強力で、後塵を拝してきたカネヒキリやヴァーミリアンなども居た。対戦比較からフリオーソは5番人気に甘んじたが、ここで2馬身半差の圧勝劇を披露し、見事に復活した。川島師も「涙の出る思いでした」と振り返っている。

この勝利はフリオーソに再び勢いを与え、翌年のかしわ記念まで連対は続いていく。その間にGⅠ級タイトルを二つ獲得するなど、全盛期を迎えたのであった。8歳暮れに引退したフリオーソ。6年半で挙げたGⅠ級6勝も、もちろん地方歴代1位である。

（中川兼人）

父　ブライアンズタイム
母　ファーザ
母の父　Mr. Prospector

戦績　[11-14-2-12]
全日本2歳優駿　ジャパンダートダービー
帝王賞2勝　川崎記念　かしわ記念
距離適性　マイル〜中距離
脚質　逃げ・先行

アストンマーチャン

軽やかに駆け抜けた、夭逝が惜しまれる快速娘

2004年生まれ
牝
鹿毛

軽やかなスピードを武器にスターダムに乗ったアストンマーチャン。私は彼女の母も応援していたので、「あの馬の仔が出世したなぁ」と感慨を覚えていた。母ラスリングカプスには、未勝利で足踏みしていた時期、上位人気を裏切り最下位でゴールしたレースをがっかり見つめた思い出もある。だから、アストンマーチャンの快速ぶりに胸のすく思いだった。

アストンマーチャンは断トツ人気（単勝1・6倍）の阪神ＪＦでウオッカと接戦の末2着に敗れるも、年明けのフィリーズレビューは快勝、重賞3勝目を挙げた。桜花賞ではウオッカ、ダイワスカーレットと三強を形成したが、距離がやや長く7着に敗戦。秋は短距離路線に向かい、スプリンターズＳでは歴戦の古馬に挑むと、生憎の不良馬場ももともせず、スタートダッシュに成功した彼女はそのまま力強く逃げ切った。3歳牝馬による制覇はニシノフラワー以来15年ぶりの快挙。同年ウオッカの64年ぶり牝馬によるダービー制覇という記録を前にしても、十分に胸を張れる大記録である。

競走馬として夢が膨らんだ矢先、アストンマーチャンは4歳春に病気で急逝した。彼女の仔も見てみたかった、三代に渡り応援したかった…と、その夭逝《ようせい》を残念に思う。（三原ひろき）

父　アドマイヤコジーン
母　ラスリングカプス
母の父　Woodman

戦績　［5-2-0-4］
スプリンターズS
距離適性　短距離
脚質　逃げ・先行

クイーンスプマンテ

勝利の美酒に酔いしれる世紀の逃走劇

2004年生まれ
牝
栗毛

競馬は様々な要素が複雑に混ざり合って進み、結果となる。

その時の馬場状態、風や雨、日差しと言った気象状況、馬の気性に調子や気分、騎手・調教師などの人間側の作戦や思惑、そして時の運等々。

その混ざり合い方で思いもよらぬ結果となるのが競馬の恐ろしさと言ったところ。

2009年のエリザベス女王杯は豪快な末脚で二冠を制した3歳ブエナビスタが単勝1・6倍で断然の1番人気となっていた。

ゲートが開くと11番人気クィーンスプマンテがハナを切り、12番人気テイエムプリキュアが競り合い2頭立てのような競馬で大逃げ。3番手以下は後方待機のブエナビスタを意識してか前を追いかけず。差は広がって最後の直線に向いてみると最早手遅れ、絶望的な差に。ブエナビスタが上がり32秒9の豪脚で猛追するも36秒台の2頭に届かず、クィーンスプマンテが逃げ切り、初重賞制覇を古馬GⅠで決めた。

人気薄2頭による大逃げ、強力な追込馬の存在等々、様々な要素で引き起こされた波乱。勝利の美酒で酔わせたのはカクテルと同じ名の5歳馬だった。

（淀乃三千）

父	ジャングルポケット
母	センボンザクラ
母の父	サクラユタカオー
戦績	[6-1-4-11] エリザベス女王杯
距離適性	中〜長距離
脚質	逃げ・先行

ヒカルアヤノヒメ

老いし姫と家族、317の蹄跡

2004年生まれ
牝
鹿毛

ヒカルアヤノヒメは日本競馬において最高齢で走った崇高なる名馬である。なんと19歳で出走。走りに走った17年間である。合計、317戦を消化した。最後の馬主となった三原公子さんは、彼女の維持費を身を粉にして捻出されていたという。競馬を愛した三原さんの父、ヒカルアヤノヒメの前馬主でもある母の意志を継いだのは、家族を笑顔にしてくれたヒカルアヤノヒメの存在が大きかったからに他ならない。

ヒカルアヤノヒメは、三原さんが馬主とならなければ、行き先がなかったという。調教中の事故から骨盤骨折、波乱万丈な馬生と言える。最後は心不全で虹の橋を渡った。私は、ヒカルアヤノヒメが「幸せだった」と感じていたと信じたい。

ヒカルアヤノヒメに最後の別れを告げた、三原さんの言葉を抜粋する。

「アヤちゃん、ありがとう。本当にね。頑張った、頑張った。すごいよ。偉かったね。私もアヤノを真似して頑張った。頑張って、負けるもんかっていって。本当にね」

同期はウオッカ、ダイワスカーレットら女傑が集まった世代。ヒカルアヤノヒメもその最強世代の女傑の1頭として活躍したことを、ファンは忘れない。

（兼目和明）

父　メイショウオウドウ
母　ゴールデンタッソー
母の父　Tasso

戦績　［14-23-26-254］
ポインセチア特別
距離適性　短距離〜マイル
脚質　先行・差し

トランセンド

震災後の日本競馬界を勇気づけたダート王者

2006年生まれ
牡
鹿毛

2011年は日本中が未曽有の大震災に翻弄された年であった。競馬界も例外ではない。特に岩手競馬は被害が大きく、水沢競馬場や場外馬券発売所が被災。震災のダメージに喘ぐ岩手競馬に手を差し伸べたのが東京競馬場である。岩手競馬を代表するＪｐｎⅠレース・南部杯は、集客と売上が見込める府中で開催することが決定された。

このレースで単勝オッズ1・6倍の圧倒的1番人気となったのがトランセンドであった。震災直後のドバイワールドCでヴィクトワールピサとの日本馬ワンツーを成し遂げ、世界にその名を轟かせたダート界の雄は凱旋レースとして南部杯を選んだ。年に一度しか演奏されない岩手競馬のＪｐｎⅠファンファーレが府中に響き渡る。レースは逃げるエスポワールシチーの番手に控えたトランセンドが直線残り１００ｍというところで先頭に立ち、アタマ差で勝利。この年の始動戦としてフェブラリーSも勝利していたトランセンドは、「東京ダートマイルGI級競走春秋連覇」という11年ならではの異例の記録を達成した。

異国の地で勇気を届けたトランセンドが、復興支援レースとして開催された南部杯を制覇。「震災でも灯を絶やさなかった日本競馬」を象徴するような勝利であった。

（縁記台）

父	ワイルドラッシュ
母	シネマスコープ
母の父	トニービン
戦績	[10-5-1-8] ジャパンCダート2勝　フェブラリーS マイルCS南部杯
距離適性	マイル〜中距離
脚質	逃げ

ワンダーアキュート

馬から人へ、人から馬へ。導きあった人馬

2006年生まれ
牡
鹿毛

JBCクラシックで和田竜二騎手に11年ぶりのGI級タイトルをもたらした名ダート馬ワンダーアキュート。「ワンダーアキュートといえば、和田騎手！」という印象のファンも多いかもしれないが、意外にもデビュー後、数戦は別の騎手とコンビを組んでいた。デビュー戦&初勝利は小林徹弥騎手、2勝目は小牧太騎手、唯一の芝挑戦となった青葉賞では鞍上に後藤浩輝騎手がいた。和田騎手とのファーストコンタクトは、ダートに戻った6月の条件戦。9番人気を覆す勝利を挙げたが、そこはあくまで単発の騎乗。3戦後に再会を果たすと条件戦・シリウスSを連勝して相性の良さを見せた。2戦後のジャパンCダート以降は本格的に相棒として活躍。ここから20戦連続で鞍上をつとめ、鋭い末脚とタフさを武器にJBCクラシック、東海S制覇など、ダートグレードで好走を連発した。

7歳で新たな相棒・武豊騎手を迎えてから11戦し、帝王賞など2勝。しかし8歳冬から5着、7着、9着と着順を落とし、ダート界の古豪にもいよいよ引退の二文字が見え始めた。そこで鞍上に帰還したのが和田騎手。9歳でかしわ記念の勝利へと導き、今度は和田騎手がワンダーアキュートに、久々のGI級タイトルをもたらしたのであった。

（緒方きしん）

父　カリズマティック
母　ワンダーヘリテージ
母の父　Pleasant Tap
戦績　［13-10-8-17］
かしわ記念　帝王賞　JBCクラシック
距離適性　中距離
脚質　先行・差し

第4章

黄金時代のスターたち

１９９０年代

1990

ダイイチルビー

1頭に焦がれた、輝けるお嬢様

1987年生まれ
牝
黒鹿毛

馬の世界にも「華麗なる一族」と呼ばれる一族があった。イギリスから輸入された繁殖牝馬マイリーから発する牝系のことで、キューピット→ミスマルミチを経て「幻の桜花賞馬」イットーが登場する。イットーは、弟にニッポーキング（安田記念）やシルクテンザンオー（シンザン記念）を持つだけでなく、子どもたちの「華麗なる」活躍で、この牝系にスポットが当たった。長女のハギノトップレディは桜花賞、エリザベス女王杯の二冠馬。長男ハギノカムイオーは、日高軽種馬農協主催のセリで1億8500万（1979年当時の史上最高値）の値がついた。「黄金の馬カムイオー」の愛称で親しまれ、宝塚記念を制して種牡馬になっている。更にイットー牝系を拡大させたハギノトップレディは、1987年にダイイチルビーをターフに送り込み、再び「華麗なる一族」の血を花開かせることとなる。

ダイイチルビーの父はトウショウボーイ。破格のスピード馬同士の配合は夢の配合であり「輝けるお嬢様」と呼ばれていた。安田記念、スプリンターズSのGIを2勝。また当時の牝馬歴代最高賞金記録を樹立するなど、その称号に相応しい蹄跡を残している。

ダイイチルビーは、その蹄跡を紐解くと男勝りの名牝だったようにも見える。しかし彼女

父 トウショウボーイ
母 ハギノトップレディ
母の父 サンシー

戦績 ［6-6-1-5］
安田記念　スプリンターズS
距離適性 短〜中距離
脚質 差し

は、ある1頭の牡馬を追いかけ続けた「胸アツ」な競走生活を送っていたのだ。4歳時（現3歳）のダイイチルビーは、環境が女子校生活のようなもの。新馬→アネモネ賞と連勝して以降は、全てが牝馬限定戦。ある意味、退屈な環境だったのかもしれない。ところが、古馬になって年上や同級生の牡馬たちが混じるレースが多くなり、彼女にとって刺激的な日々に変わっていったのだろう。5歳（現4歳）になったダイイチルビーは、牡牝混合のオープン特別で2着後、初重賞制覇となる京都牝馬特別を優勝。そして、京王杯SCで運命の牡馬、ダイタクヘリオスと初対面する。レースは2番手集団の内をダイタクヘリオス、外をダイイチルビーが並走する形で揃って直線に向かう。この時の並走でその存在を意識したのだろうか。結果は大外からダイイチルビーが伸びて二つ目の重賞タイトルを得ることになる。しかし、これ以降7戦に渡り、ふたりの「ラブ&ラン」が展開されることとなった。

安田記念は先行するダイタクヘリオスを後方からダイイチルビーが見る展開。直線に入ると、4番手から先頭に躍り出るダイタクヘリオスを目標に、後方から矢のようにダイイチルビーが伸びてくる。それはまるで2頭だけで並走することを狙ったかのような、一気の伸び脚のように見えた。しかし一完歩ずつダイタクヘリオスに近づき、並んだのは一瞬だけ。ダイイチルビーの勢いが遥かに上回り、失速するダイタクヘリオスを抜き去った後は、1馬身1/4の差がついていた。ダイイチルビーの初GI制覇は、ダイタクヘリオスのアシストがあったからこそ達成できたのかもしれない。

ダイイチルビーとダイタクヘリオスは、揃って高松宮杯（当時GⅡの2000mで施行）を次走に選択する。ダイイチルビーにとって夢のような展開となった高松宮杯は、スタートからゴールまで2頭の「ラブ&ラン」となる。2番手を行くダイタクヘリオスのペースに合わせるかのように直後を追走するダイイチルビー。河内洋騎手が手綱を抑えたままでも、3コーナーを回るとダイタクヘリオスとの差が詰まり出す。直線に入ると逃げていたトーワルビーが、「ここからはお二人でどうぞ」とばかり後退していく。最後の直線は2頭のマッチレース。内から先頭に躍り出るダイタクヘリオスに、外からダイイチルビーが並びかける。ダイイチルビーは安田記念時のように一気に抜き去ることができず、併せ馬のような形でフィニッシュした。勝負はダイタクヘリオスがハナ差での勝利となったが、2頭が誰にも邪魔されず仲良く並んでゴール板を通過する、「ラブ&ラン」そのもの。スポットが当たった2頭から遅れて3着に入ったヤマニングローバルとは、3馬身の差がついていた。

恋するダイイチルビーは、5歳の秋以降はダイタクヘリオスに勝てなくなった。秋初戦のスワンSは、ダイタクヘリオスの仕掛けが早すぎて失速（9着）したこともあり、ダイイチルビーが先着（2着）した。しかし、2頭が揃って出走した以降のレース4戦は、全てダイタクヘリオスが先着している。ダイタクヘリオスに先着を許すようになったダイイチルビー。これは、彼女の力が5歳秋を迎え、ピークが過ぎたからとは思えない。何故なら、ダイタクヘリオスが出走しなかった暮れのスプリンターズSでは、ナルシスノワール以下に4馬身の差をつけて圧勝している。やはり、ダイタクヘリオスと一緒だと意識しすぎて力を出せなくなったのではないだろうか――。

ダイイチルビーは、6歳時も現役を続けたが、マイラーズCで58キロを背負い、初めての着外（6着）となる。今後GII以下の重賞レースでは負担重量が重くなることもあり、安田記念を最後にダイイチルビーは引退することとなった。最後の「ラブ&ラン」となった安田記念は、ダイタクヘリオス6着、ダイイチルビーは15着で終わっている。

彼女の生涯成績は、決して恋に溺れた競走生活ではない。ダイタクヘリオスを想い、それが刺激となっての飛躍のようにも見える。1991年のJRA賞で最優秀4歳以上牝馬、最優秀スプリンターの二つのタイトルを得ているのは、誰もが認める名牝の証である。唯一残念だったのは、祖母イットー、母ハギノトップレディが優勝した高松宮杯をダイタクヘリオスにハナ差阻まれ、3世代同一重賞制覇が達成できなかったことだろう。

私にとって、90年代のアイドルホースだったダイイチルビー。アイドルのスキャンダルは一ファンとして決して良くは思わないものである。当然私も、ダイタクヘリオスに嫉妬し、ライバル意識を燃やす「アンチ・ダイタクヘリオス」の一人であった。

（夏目伊知郎）

ヤマニンゼファー

良い意味で期待を裏切り続けた不屈の挑戦者

1988年生まれ
牡
鹿毛

何事においても、こっちの思惑通り、期待通りに事が運ぶことばかりではない。いや、思い通りにいかないことの方が圧倒的に多いものだ。競馬だって例外ではない。ただ競馬の世界においては〝いい意味〟で期待を裏切られる、思ってもみなかった好結果が出る、といったことが、まれにではあるが起きるケースがある。

それにしてもだ。ヤマニンゼファーほどこれに当てはまる馬も珍しい。20戦して通算8勝。その半数が重賞であり、内訳はGⅠ3勝、GⅡ1勝。掲示板を外したのは3回しかない。これほどまでの実績を誇りながら、1番人気になったのは僅か二度しかないのだ。

デビュー戦から衝撃的だった。入厩当初から骨膜炎に悩まされ、「いいモノはあるが初戦からは…」と言葉を濁していた厩舎サイド。それが中山ダート1200mで、直線を向いて最後方に近い位置取りからゴボウ抜きして単勝6910円。2戦目の平場戦を同じ舞台で連勝し、続く初芝のクリスタルCで3着するが、それでも人気にはならない。5戦目に、やはりダート1200mで勝った後、スプリンターズSに挑戦して7着に終わる。しかし、この現3歳最終戦の結果に手応えを得た栗田博憲調教師は、将来への〝夢〟をイメージし始める。

父　ニホンピロウイナー
母　ヤマニンポリシー
母の父　Blushing Groom

戦績　[8-5-2-5]
安田記念2勝　天皇賞・秋
距離適性　短～中距離
脚質　先行

年が変わった1992年。徐々に体質が強化され、通算8戦目で4勝目を挙げてオープン入り。その後、ダートコースでしっかり調教を消化できるまでに身体が出来上がってくると、そこからは重賞路線を歩むことになる。まず京王杯SC3着を経て、安田記念に挑戦。速いペースを中団から積極的に追走し、直線も早めの仕掛けで後続を封じてみせた。そこまで芝未勝利馬で11番人気（単勝3520円）も無理はなかったが、低評価を見事に覆してのGI初勝利。デビュー4年目だった田中勝春騎手にとっても、記念すべきGI初制覇となった。

その年の秋は3戦してセントウルS2着、マイルCS5着、スプリンターズS2着。勝てないまでも掲示板は外していない。この戦歴を期待通りとみるかどうかはさておくとして、現5歳となる翌93年。ヤマニンゼファーのキャリアはハイライトを迎える。

GIの勲章を得たことで、栗田博師が描いた〝夢〟は「種牡馬にしてやりたい」という具体的な画になっていった。しかし内国産の短距離系種牡馬の需要が現在ほどではない時代のこと。道は険しかった。でも、何とかしたい。そのためにはローテーションも含めて綿密なプランを立て、質の高い調教とレース経験を積ませることが必要だ。もともと「2000mまでならこなせる」と踏んでいた師は、照準を秋の天皇賞に合わせる。その手始めの策が、マイラーズCと中山記念での、田原成貴騎手への騎乗依頼だった。86年の日本ダービー2着馬グランパズドリーム以来のつきあいで、彼の馬に対する感性を信じてのこと。ゼファーの距離適性について意見を求めるとともに、確かな手応えを得たかったのだ。結果、中山記念4着。この内容を見て一切の迷いは消えた。しかしながらこの年、ヤマニンゼファーにはもう一つ、外国産馬に開放された安田記念を連覇する、という目標もあった。中山記念の後、鞍上に柴田善臣騎手を配して臨んだ京王杯SCを、好位から早めに抜け出す正攻法で快勝。完全に充実期に入って臨んだ本番も、2番手から早め先頭という、さらに強気の競馬で外国馬2頭もろとも後続を抑え込んだ。終わってみれば着差以上の楽勝。グレード制導入後、初めての連覇だった。父ニホンピロウイナーという内国産馬ヤマニンゼファーが、開放元年の安田記念の牙城を守ったことになる。また、柴田善騎手にとって、デビュー9年目でついに手にしたGIタイトルでもあった。そして大目標に向けての秋初戦、毎日王冠は6着に敗れる。本格化して、重賞路線を歩み始めて以降、初めて掲示板を外したことになる。あくまで前哨戦と捉えていた陣営に敗戦のショックはなかったが、距離不安説が急浮上した。天皇賞の数日前、難敵メジロマックイーンが左前肢の故障で出走回避しても、当日は5番人気止まり。1800m以上の距離で未勝利どころか、連対実績もないことを不安視されたからだったろう。しかし、ゼファーのポテンシャルは、ここでも〝いい意味〟で想像を裏切るのだ。

希代の逃げ馬ツインターボのペースはいつも速めに流れるが、1000m58秒6ならゼファーにとっては手頃なラップ。2、3番手を追走し、4コーナーを回るところで先頭をうかがう。早めに仕掛けた直線は、坂下から毎日王冠2着のセキテイリュウオーとのマッチレースに。激しい叩き合いの末にハナ抑えたところがゴールだった。過去7勝は1600m以下で、2000mは出走自体が初めてだったが、三つ目のGIタイトルを、古馬の頂点である天皇賞で手にしたのだった。レース後、栗田博師は感極まった表情で語っている。「私の夢とチャレンジを、ゼファーが叶えてくれた」と。引退レースとなるスプリンターズSは、自身二度目の1番人気で迎えた。勝てばスプリント、マイル、中距離GI全制覇になるところだったが、そこまでうまく事を運ばないのがゼファーの奥ゆかしさなのか、はたまた〝らしさ〟なのか。名スプリンターのサクラバクシンオーの前に2着。夢へのチャレンジはここで終えた。

現役時代を通してみれば、関係者にもファンにとっても、期待に十分に応えたキャリアだったろう。しかし1番人気に支持された2戦を、それぞれ2着に敗れているのも〝らしさ〟に思えてならない。引退後の余話として、国際レースを含むGIを2勝しながら、GIは菊花賞1勝だったビワハヤヒデに、93年の年度代表馬の座を譲ることになった。こればかりは馬に責任はなく、その是非は問うまい。時代がゼファーに追い付いていなかっただけである。だからこそ、これもヤマニンゼファーが持っていた一つの〝個性〟として記憶しておこう。田中勝春、柴田善臣という個性的な名騎手二人の、GI初勝利のパートナーを務めた馬、ということと同時に。忘れ去られていい馬ではない。

（和田章郎）

サクラローレル

度重なる故障を乗り越え摑んだ年度代表馬

1991年生まれ
牡
栃栗毛

どんなに才能を秘めていても、怪我なく走り続けられる馬はそう多くはない。勝負の世界にもしもはご法度だが、それでももう少し丈夫な身体であればと思わずにはいられない馬たちをこれまでに数多く見てきた。私にとってサクラローレルもそんな1頭だ。

美浦の名門・境勝太郎厩舎から1994年1月6日、中山競馬場で行われた芝1600m戦でデビューしたローレル。新馬戦の結果は9着も、そこから3戦目に初勝利を挙げ、3月には6戦目で500万下（現1勝クラス）を卒業。スピード出世で大器の片鱗を見せるローレルは、日本ダービーを見据えてGⅢ青葉賞に挑戦する。レースは中団後方を追走し、最後の直線では内を突いて鋭く伸びる。結果は勝ち馬エアダブリンから半馬身＋アタマ差離れた3着。3着までに与えられる日本ダービーへの優先出走権を見事に獲得するも、レース後に後肢の球節炎を発症。日本ダービーは回避を余儀なくされた。

無念の春を乗り越え、飛躍を誓う秋。復帰戦となった9月新潟の自己条件戦は3着に敗れたが、菊花賞トライアルのセントライト記念に駒を進める。エアダブリンとの再戦となったレースでは4コーナーから進出を開始するも、直線は本来の末脚が影を潜めて8着。よもや

父	Rainbow Quest
母	ローラローラ
母の父	Saint Cyrien
戦績	［9-5-4-4］ 天皇賞・春　有馬記念
距離適性	中～長距離
脚質	先行

の惨敗を喫したことで菊花賞出走を諦め、自己条件戦から再スタート。最初の2戦は2着に惜敗するも、その後、連勝を飾り、堂々のオープン入りでシーズンを終えた。

5歳（現4歳）初戦の中山金杯を快勝後、春の天皇賞の前哨戦として挑んだ2月の目黒記念。ゴール目前でハギノリアルキングの急襲に屈し、クビ差の2着に敗れ連勝がストップ。それでもラスト200mで一度は抜け出し、最後まで脚を伸ばした姿は悲観する内容ではなかったが、再び悪夢がローレルに忍び寄る。春の天皇賞に向けて栗東で調教中に両前脚第三中手骨骨折を発症。またも目前の故障でGI出走を断念した。

ローレルがターフに戻ってきたのは、年も変わった6歳（現5歳）の中山記念。競走能力を脅かす大怪我に加え、長期休養明けの復帰戦にファンも半信半疑で、単勝は生涯最低の9番人気。しかし、低評価をあざ笑うかのように、直線で内から先に抜け出した前年の皐月賞馬ジェニュインを残り100mで捉え、最後は1馬身以上突き離す復活勝利を飾った。

あらためて自らの力を示し、前年出走が叶わなかった春の天皇賞で念願のGI初出走を迎えたローレル。しかし、ここには強力なライバル2頭が待ち構えていた。1頭はローレルと同世代のナリタブライアン。皐月賞、日本ダービー、菊花賞を、いずれも異次元の強さで勝ち続けた史上5頭目の三冠馬だ。同年の有馬記念も制し、古馬になってさらなる活躍が期待された前年は阪神大賞典を圧勝も故障を発生。秋に復帰してからは以前の暴力的なまでの強さは鳴りを潜め低迷していたが、前走の阪神大賞典で1年ぶりの復活勝利を挙げる。「あの強いブライアンが帰ってきた」そう期待したファンたちは、1・7倍の1番人気に支持した。

もう1頭はマヤノトップガン。ローレルの1歳下の世代で、秋に頭角を現し菊花賞を制すと、有馬記念ではブライアンを破ってGIを連勝。前走の阪神大賞典ではブライアンに頭差で敗れたが、3着には9馬身差をつけており、前秋の活躍がフロックではないことを証明。ファンもその強さを認め、ブライアンに続く2・8倍の2番人気に推した。ローレルは3番人気も単勝オッズは2頭に大きく離された14・5倍。戦前は二強ムードが漂っていた。

全馬揃ったスタートからブライアンは4、5番手につけ、ローレルは並ぶようにインの経済コースをぴったりと回る。前に行くと思われたトップガンは2頭の後方を追走。1周目の坂の下りでトップガンが外から位置を押し上げ、3頭はほぼ横並びでホームストレッチへ。2周目の1コーナーでトップガンが2頭をやや引き離すと、ブライアンも敵はトップガンと言わんばかりに位置を上げながら追走。ローレルはブライアンの1、2馬身後方で脚を溜める。2周目の坂の下りでトップガンとブライアンがともに上がっていき、4コーナーを並んで回っていく。最後の直線入り口からはまるでデジャヴのような両雄のマッチレース。激しい叩き合いが続く中、ラスト200mあたりでブライアンがトップガンを競り落とす。「やはり強い」。誰もがブライアンの勝利を確信したその時、後ろから白い帽子が忍び寄る。ローレルだ。一完歩ごとに差を縮め、ラスト100mで一気にブライアンを抜き去ると、最後は2馬身半差をつけてローレルが先頭でゴール。ブライアンは2着を死守したものの、トップガンは馬券外の5着に敗れた。強力なライバルを相手にGI初出走初勝利を決めたローレルは、年末の有馬記念も制してこの年の年度代表馬に選出された。

翌97年は海外転戦プランも検討されたが、有馬記念後に軽度の骨折が発覚したため自重。ぶっつけで春の天皇賞に挑んだ。トップガン、マーベラスサンデーとの新たな三強対決で盛り上がる中、昨年とは打って変わってローレル先頭で迎えた最後の直線。追いすがるマーベラスサンデーを競り落とすも、ゴール寸前でトップガンに差されて2着に終わった。

春の天皇賞後は、凱旋門賞を目指して8月に渡仏。本番前の前哨戦として挑んだ9月14日のGⅢフォア賞は良いところなく8着。入線後に鞍上の武豊騎手が下馬しており、アクシデント発生は明らかだった。検査の結果、右前脚屈腱不全断裂を発症、競走能力喪失と診断された。この瞬間、ローレルの凱旋門賞への道は絶たれた。

GIを目前に怪我を発症し、何度も涙を飲んできたローレル。もし無事に凱旋門賞に出走できていれば、世界の頂に手が届いただろうか。今でもサクラローレルのことを思い出すたびに、彼が凱旋門賞を走る世界線を想像してしまう。

（安藤康之）

メイセイオペラ

史上唯一、中央GIを制した岩手の伝説的王者

1994年生まれ
牡
栗毛

地方競馬所属にとって、中央競馬のGIレースに出走するのは並大抵のことではない。ましてや勝つとなるとどれほど高い壁かわからないほどである。今まで多くの地方競馬所属馬が、その壁に跳ね返された。その中でもロッキータイガー、レジェンドハンター、トーシンブリザード、コスモバルク、フリオーソは2着まではきた。しかし地方競馬と同じダートで行われるフェブラリーSですら、過去27頭が挑戦して勝ったのはただ1頭――1999年フェブラリーSを優勝したメイセイオペラのみである。あの時、東京競馬場では割れんばかりの歓声が沸き上がり、水沢競馬場は地元の英雄の快挙に感動の声があふれかえった。あれから20年以上経つが、未だ、その偉業を再び達成する馬は現れていない。

メイセイオペラは父グランドオペラ母テラミスという血統で、馬主は小野寺良正さん。小野寺さんは「メイセイ」という冠名を持ち馬に付けていたが、これは小野寺さんの名前にある「正」と、明子夫人の「明」を組み合わせたもの。残念なことに小野寺さんはメイセイオペラのデビュー後に亡くなってしまい、明子夫人がオーナーを引き継ぐこととなった。

後に日本競馬の歴史を塗り替えるメイセイオペラも、デビュー当初から注目されているわ

父 グランドオペラ
母 テラミス
母の父 タクラマカン

戦績 [23-2-2-8]
フェブラリーS　帝王賞　マイルCS南部杯
距離適性 中距離
脚質 先行

けではなかった。岩手競馬の佐々木修一厩舎に所属して、96年7月新馬戦でデビュー。鞍上は阿部英俊騎手で8頭立ての4番人気だったが、後続を4馬身離す圧勝でデビュー戦を飾る。その後4戦は勝てず、6戦目に2勝目をあげる。この段階でのメイセイオペラの評価は、「普通の馬」「華奢な馬」と、決して良いものではなかった。

しかし、ここから一気に素質を開花させたメイセイオペラは、7連勝で97年7月東北優駿を制覇。戦績を12戦8勝として、これ以降は全て菅原勲騎手が乗ることとなる。東北優駿の制覇後、不来方賞とA級戦を優勝して連勝を9まで伸ばし、その後ユニコーンSを目指したメイセイオペラ。ところがなんと、馬房内で頭蓋骨を骨折してしまい無念の回避となる。重傷を負いながらも奇跡的に回復したメイセイオペラは、復帰後にダービーグランプリとスーパーダートダービーを走り、ともに10着と精彩を欠いたものの、年末に地元の桐花賞で古馬を撃破して優勝。年が明けてからは、遠征を積極的に行うことになる。

98年川崎競馬場で行われた川崎記念では、当時、地方競馬最強と名高かったアブクマポーロの4着に敗れる。地元シアンモア記念の勝利を挟み、次は大井競馬場の帝王賞に挑戦。またしてもアブクマポーロに敗れるが、0秒4差の3着と健闘して、メイセイオペラは大いに注目される存在となった。そして迎えたのが、98年7月に地元の水沢競馬場で行われた交流重賞マーキュリーCだった。中央所属馬が集う交流重賞にもかかわらず、メイセイオペラは、なんと単勝1・1倍という圧倒的な人気を集めた。地元の英雄に対する、岩手競馬ファンの期待が窺えた。多くの期待を背負ったメイセイオペラは、前年の覇者パリスナポレオンに7馬身差をつける圧巻の走りを披露。交流重賞を初制覇したメイセイオペラは、みちのく大賞典、南部杯、北上川大賞典と3連勝し、マイルCS南部杯ではついに宿敵アブクマポーロに先着を果たす。東京大賞典ではまたしてもアブクマポーロに敗れたが2着を確保。そして年が明けた99年1月フェブラリーSで、新たなる歴史を刻む。

この年のフェブラリーSの1番人気はワシントンカラー。メイセイオペラは差のない2番人気となっていた。さらに3番人気オースミジェット、4番人気タイキシャーロック、5番人気キョウエイマーチ、6番人気マチカネワラウカドと、6頭が単勝10倍を切る混戦模様。レースがスタートして予想通りキョウエイマーチが後ろを離して逃げるとマコトライデン、メイショウモトナリ、ビッグサンデー、バトルラインが続き、その後ろにメイセイオペラと菅原勲騎手がつける。メイセイオペラは芝のスタートが心配されたが、問題なくこなした。上位人気馬がひとかたまりになりながらレースが進む。3コーナーを過ぎてあと800mになっても、キョウエイマーチが軽快に逃げていた。そして4コーナーから直線にかけて、一気にメイセイオペラが動く。直線に入り、粘るキョウエイマーチにワシントンカラーが迫ったが、外から一気にメイセイオペラがやってきて残り150mで先頭に立つ。後続馬も懸命に追うものの、メイセイオペラがグングンと差を広げたことで場内は大歓声に。観戦していた馬主の明子夫人は、良正さんの遺影を高々と上げて、「あなた見て！　先頭走っているわよ！　あなたの馬が先頭を走っているわよ！」と叫んで応援したという。そのままメイセイオペラと菅原勲騎手は先頭でゴール。2着エムアイブランに2馬身の差をつけ、歴史的な快挙達成となった。ゴールでは菅原勲騎手の想いのこもったガッツポーズが見られ、メイセイオペラがウイニングランでスタンド前に来ると「イサオコール」が巻き起こった。

フェブラリーS制覇後もシアンモア記念、帝王賞、みちのく大賞典、北上川大賞典と連勝街道を突き進んだメイセイオペラ。しかし故障を発生してしまい、前年の雪辱を期した東京大賞典では11着とまさかの大敗を喫する。王座防衛をかけて出走した2000年フェブラリーSでは、オリオンザサンクス、キョウエイマーチが作り出したハイペースを強気に先行し、あと少しというところで脚が止まり4着。その後は地元重賞などで二つ勝ち星を重ねるが、またしても故障を発症して引退となった。35戦23勝、重賞14勝と素晴らしい通算成績。種牡馬としてもツルオカオウジやジョイーレ、ジュリアやカネショウエリートなど、地方競馬重賞を制覇する馬を輩出した。種牡馬として韓国にも渡り活躍し、その地で亡くなった。メイセイオペラのような強い地方競馬所属馬が再び登場することを願ってやまない。

（佐幌俊正）

ナリタトップロード

強豪相手に惜敗続きも人に愛された実力派

1996年生まれ
牡
栗毛

1999年のクラシックロードを席巻し、4歳以降も中距離以上のGI戦線で好走を重ねたナリタトップロード。同世代のテイエムオペラオーがGI7勝を挙げたのに対し、この馬は菊花賞を制して以降、GI勝利は手にできなかった。「勝てそうで勝てない」馬だったが、常に多くのファンから愛されたのは、鞍上の渡辺薫彦騎手（現調教師）とのコンビが競馬ファンの関心を引いたからだと感じられる。

実は私もその一人。この馬が出走するたびに単勝を買い続け、かなりの金額を失ったが、渡辺薫騎手とともにターフを走り続ける姿に、3年も4年も魅了されてしまった。

同馬を初めて目にしたのは99年の弥生賞。中山競馬場へ足を運びパドックを目にすると、その姿に目を魅かれた。好きだった父サッカーボーイと似た毛色（父は栃栗毛）で、三白眼だった父に顔もそっくり。父が果たせなかったクラシック制覇を望んで単勝を買うと、断然人気のアドマイヤベガを寄せ付けず優勝。直線で追い続けた姿をみて「父を上回るスタミナタイプ」だと感じられた。

次走の皐月賞はテイエムオペラオーとの激戦で僅差3着。上がりタイムがメンバー中トッ

父　サッカーボーイ
母　フローラルマジック
母の父　Affirmed

戦績　[8-6-8-8]
菊花賞
距離適性　中〜長距離
脚質　先行

プタイの35秒2だったこともあり、直線の長いダービーでは好勝負をする、と確信した。

迎えたダービーでも中団やや後方から直線勝負に持ち込んだ。ゴール寸前で真ん中を走るテイエムオペラオーを交わして先頭に立つも、アドマイヤベガに外側から猛追されてクビ差の2着。単勝馬券を握りしめつつ東京競馬場付近の酒場で酔いつぶれた。

迎えた秋。京都新聞杯で再びアドマイヤベガに敗れるも、次走の菊花賞ではスタミナが爆発すると思い単勝で大勝負をした。

「長距離は騎手で買え」との格言どおりならば、GI未勝利の渡辺薫騎手では買えないが、それをカバーするように思える同馬のスタミナに賭けた。最内枠を引いたのも距離ロスが防げると感じられた。

過去のレースとは異なり、スタートから4番手を進んだ同馬は直線で仕掛けると長くいい脚を使った。後方からテイエムオペラオーが迫るもクビ差先着。ダービーの悔しさを倍返ししてくれる勝利となった。続く有馬記念では7着に敗れたが、翌春の天皇賞で再び単勝を大量購入する決意を固めた。菊花賞馬は春の天皇賞と相性が良く、出走馬の中でもトップロードのスタミナはピカイチ。そう思っていたが、菊花賞で下したテイエムオペラオーに前哨戦で連敗を喫する。京都記念で同タイムだったが阪神大賞典では2馬身半差。しかも斤量は京都記念が1キロ多かったのに対し阪神大賞典は同じである。加えてオペラオーが衝撃的なレースを見せているのに対し、トップロードに成長は感じられない。それでも単勝を購入すると3着敗退。秋初戦の京都大賞典でもオペラオーにアタマ差で敗れると、距離短縮の天皇賞・秋では3馬身も突き離された。

「この馬はスタミナタイプであり、距離が長いほど好走する」と確信した直後、陣営はステイヤーズSに出走させた。

出走各馬より2キロ重い59キロを背負うも実績は段違い。単勝1・3倍に支持されるも前を行く3頭に追いつけず4着。「何をやっているんだ！」と中山競馬場で叫んだが、調教師の沖芳夫師も同じ思いだったのか、次走で渡辺薫騎手は降ろされてしまった。

愛弟子に対して反省を促す、そんな思いが感じられる交代劇だった。

悔しさを感じた渡辺薫騎手は、2走後の阪神大賞典で菊花賞以来となる重賞勝利を果たした。2着との着差は8馬身。前を行く馬をごぼう抜きしてみせた。「今がピークだ」と感じたこともあり、次走の天皇賞・春でまたも単勝を大量購入したが、GⅠ6勝を果たしていたテイエムオペラオーに1馬身差の3着。既に5歳でキャリアは20戦。距離が長いほどこの馬の持ち味は発揮されるが、秋の古馬GⅠに3000mを超えるレースは存在しない。

「もはやこれまで」とナリタトップロードの追いかけを止めた。

その予想通り京都大賞典は競走中止、ジャパンCは3着、有馬記念は10着。「競走馬としてはピークを越えた」と感じられたが、6歳春になると京都記念と阪神大賞典を勝ってみせる。京都記念は60キロ、阪神大賞典は59キロを背負っての連勝。ライバルだったテイエムオペラオーも引退しており、春の天皇賞はGⅠ制覇のラストチャンスを感じたが、同じ位置を走るマンハッタンカフェに半馬身ほど及ばず3年連続で3着。「強いのに勝ち切れない馬」の代名詞のようになってしまった。

6歳秋初戦で京都大賞典を勝ち、秋の天皇賞はシンボリクリスエスの2着に好走。2000mで馬券圏内に入ったのは皐月賞以来3年ぶりだった。引退レースとなった有馬記念ではファン投票1位で出走も4着。通算30戦8勝でターフを去った。

テイエムオペラオーを筆頭にアドマイヤベガ、メイショウドトウ、マンハッタンカフェ、ジャングルポケット、シンボリクリスエスなど一流馬と戦い続けた結果、GⅠは1勝のみだったが、惜敗が続いた同馬は多くのファンから愛され続けた。実力がありながらも超一流と呼べるステージまで上り詰める手前で悔しい想いをする人間は多い。ナリタトップロードはそんな世の中の鏡となった気がした。

引退後、種牡馬になると初年度産駒でオークス2着のベッラレイアを送り出したが、自身は9歳の秋に心不全でこの世を去った。亡くなった日は6年前に菊花賞を制した11月7日だった。

（小川隆行）

ナリタトップロード

1999年　第60回
菊花賞
優勝　ナリタトップロード

目覚めし「三強」最後の1頭。
惜敗に別れを告げる菊の大輪。

皐月賞はテイエムオペラオーの３着、ダービーはアドマイヤベガの２着。
「三強」が火花を散らす世代で、ナリタトップロードが最後の一冠を掴む。

トウケイニセイ

陸奥より遙かなる世界を睨む

1987年生まれ
牡
鹿毛

岩手が誇る名手、菅原勲騎手の一つの台詞がトウケイニセイの全てを物語る。

「メイセイも強くなっているが全盛期のニセイに比べればまだまだ。一番良い頃のニセイがドバイワールドCに出たら勝っていたと思う」

中央競馬のGI競走（フェブラリーS）を地方所属のまま制した史上初にして唯一の名馬であるメイセイオペラ。菅原騎手が手綱を取り、ライバル・アブクマポーロや、当時の中央トップ級と互角以上の競馬をした、東北における伝説の名馬である。

——そのメイセイオペラをして、トウケイニセイには及ばないというのだ。

この菅原騎手の発言があった頃のドバイワールドCは、まだ日本馬が制しておらず、米国馬や地元UAEの馬には遠く及んでいなかった時代。イメージとしてはサッカーのワールドC優勝のように、夢物語といえるような時代であったことも忘れてはならない。その事からも、「ドバイワールドC制覇」という言葉の重みが窺い知れる。いかにニセイが桁外れの能力を有していたかが、この台詞に凝縮されている。

トウケイニセイはデビュー戦快勝後、左前浅屈腱炎で1年半の休養を余儀なくされた経緯

父	トウケイホープ
母	エースツバキ
母の父	Reform
戦績	[39-3-1-0] マイルCS南部杯2勝
距離適性	中〜長距離
脚質	先行・差し

がある。復帰後も強い調教を施すことすらできず、脚に爆弾を抱えたような状況が続く。一戦一戦が常に最後かもしれない勝負であったのだ。そんな苦境の中、連勝は18にまで伸び、新聞には「不敗神馬」「ミホノブルボンも真っ青」といったキャッチフレーズが躍った。

初めて2着に敗れ、連勝が止まったトウケイニセイ。ただ、その頃になるとようやく強い調教がこなせるまでになり、真価が発揮されていくようになる。迎えた、1993年みちのく大賞典。当時、岩手最強かつ全国区でも恐れられた2大巨頭スイフトセイダイ、グレートホープ2頭との初顔合わせとなる。さらに後に最大のライバルとなる新星モリユウプリンスの姿もあった。この天下分け目の超決戦で、トウケイニセイは完膚なきまでに圧勝。名実ともに岩手最強の座に君臨した。

その後も勢いは星火《せいか》燎原《りょうげん》なるまま誰にも止められず、「岩手の魔王」の二つ名をほしいままにする。重賞連勝を重ね、ついには41戦連続連対の日本記録も打ち立てたのだった。

「もし」を幾度も唱えたくなるトウケイニセイ。もし、脚部不安、怪我がなかったら…。もし、もう1年でも早く南部杯が中央交流戦になっていたら…。もし、万全の状態、全盛期にフルパワーのトウケイニセイが競馬をしたのなら…。そんなことを考えさせる、世界も獲れた陸奥の大魔王。それがトウケイニセイである。

（兼目和明）

レオダーバン

レジェンドの信念とともに開花した菊花賞馬

1988年生まれ
牡
鹿毛

シンボリルドルフで三冠を達成した岡部幸雄騎手だが、同時に徹底した馬優先主義でも知られ、春のクラシック競走では無理をさせないことが多かった。そのこともあってダービーはシンボリルドルフの1勝のみ。特に素質馬マティリアルで18着に敗れた1987年以降は、その傾向が顕著だったように感じられる。一方で、ダービーで敗れつつ、その後に才能を開花させた馬とのコンビも印象的である。平成初期であれば、レオダーバンがそれにあたるだろう。名種牡馬マルゼンスキーにとって最後のGⅠ馬でもある。

レオダーバンと岡部騎手のコンビ初結成は、デビュー3戦目の条件戦。前走のダート戦で敗れて以来、3カ月ぶりの実戦となるレオダーバンだったが、ここで2着に5馬身差をつける圧勝で素質をアピール。コンビ継続で挑んだ青葉賞も完勝すると、ダービーに向かった。

その年のダービーの大本命は、トウカイテイオーと安田隆行騎手。トウカイテイオーは、岡部騎手の盟友シンボリルドルフの産駒であった。レースが始まると、レオダーバンと岡部騎手はトウカイテイオーのやや後方にポジションを確保。早めに仕掛けたトウカイテイオーを目指しレオダーバンも懸命に追い込んだものの差は縮まらず、3馬身差の2着に敗れた。

父 マルゼンスキー
母 シルティーク
母の父 ダンサーズイメージ

戦績 [4-1-1-3]
菊花賞
距離適性 長距離
脚質 先行・差し

ただ、勝ち馬のトウカイテイオーはレース後に骨折が判明。こちらも三冠の夢は潰えてしまう。主役不在となったクラシック最終戦、菊花賞。レオダーバンと岡部騎手は3番人気で登場する。ダービーとは異なり前哨戦のセントライト記念で敗れて人気を落としたが、それでもレースが始まると6番手から堂々と抜け出す強い競馬を披露。ラストは後方から追い込んできた1番人気イブキマイカグラに1馬身半差をキープして勝利をあげ、晴れてクラシックホースの仲間入りを果たした。新興勢力も集ったレースであったが、1着はダービー2着馬、2着は皐月賞4着馬とあって、不在のトウカイテイオーの強さも感じさせる一戦だった。これも、大物のトウカイテイオーがいたダービーで故障するような走りをせずにゴールしていたことが大きい。ソエや屈腱炎などに苦しんだレオダーバンにとって、岡部騎手はベストパートナーだったのだ。まさに名手に導かれ掴み取った菊花賞制覇であった。

レオダーバンのダービー走破タイムは2分26秒4。岡部騎手は全く同じタイムで88年メジロアルダン、02年シンボリクリスエスでも2着になっている。特に青葉賞を制してダービー2着となったシンボリクリスエスは印象が重なるが、時を経てレオダーバンの父マルゼンスキーとシンボリクリスエスの2頭の血が流れるエピファネイアが登場。ダービーではそこから2秒縮めた2分24秒4でゴールしたが、奇しくも2着であった。

（緒方きしん）

ベガ

彦星と出会い輝いた、美しき二冠牝馬

1990年生まれ
牝
鹿毛

有名な「七夕」の言い伝えに登場する織姫と彦星の出会いは、運命的な出会いであったことは間違いない。同じく、競馬界にて額の流星からベガと名付けられた「織姫」も、この世に生を受けて3年後、自身の運命を大きく左右する「彦星」と出会った。それが、武豊騎手である。

ベガは左前脚が生まれつき大きく曲がっているという、競走馬としては大きすぎるハンデを持っていた。それでもベガの実力は相当なもので、ゲート試験は一度練習しただけで突破、強めの調教を一度したのみで圧倒的なタイムを叩き出した。1月末という遅めの勝ち上がりだったにもかかわらず、3戦目のトライアルを圧勝と、その全てが規格外。脚部不安などものともせず、勇躍、牝馬クラシック戦線に駒を進めたのだ。

そんな彼女の性格は素直で従順に利口でお淑やか。オフの時にはまさにお姫様のような馬だったという。だが、彼女はその内側に、トニービン産駒特有の激しい爆発力も秘めていた。何かの拍子でそのスイッチが入ってしまえば、一瞬にしてレースでの制御が利かなくなる脆さ…脚元の不安も相まって、危険と常に隣り合わせといってもいい諸刃の剣である。

父	トニービン
母	アンティックヴァリュー
母の父	Northern Dancer
戦績	[4-1-1-3] 桜花賞　オークス
距離適性	中〜長距離
脚質	先行

しかしそんな特性を手の内に入れ、利用してしまったのが武騎手だった。

2戦目から手綱を取った武騎手は、初勝利を挙げたときにその実力を確信。管理する松田博資調教師に「この馬、オークス勝ちますよ」と公言するほどだった。そして激流となりやすい改修前の阪神競馬場の桜花賞を見事に勝利。この1分37秒2を武騎手は「会心のレース」と語る。

好敵手、馬場、道中の展開、最後の着差まで完璧に読み切って、決して適距離ではないマイル戦でも見事にベガを導いたレースだった。そして公言通りオークスも勝利し東西で大きな白星を獲得したベガは、繁殖入りした後もその実力を子供たちへ継承させていく。

早逝により残った産駒は僅か5頭だったが、彼女の「一番星」アドマイヤベガは、武騎手に史上初となる日本ダービー連覇をもたらし、「武豊はダービーを勝てない」というジンクスを過去のものとした。おそらくベガとの出会いがなければ、この史上初の記録はなかったに違いない。

世代を超えて紡がれた競馬界の七夕物語は、こうして大団円を迎えたのである。

「彦星」武騎手、「織姫」ベガ。この時代の競馬界において、彼らは間違いなく運命的な出会いを果たしていた。

（小早川涼風）

ノースフライト

牡馬混合戦の先駆者、マイル戦の美しき女帝

1990年生まれ
牝
鹿毛

日本の生産界を席巻したサンデーサイレンスが注目を集める直前、クラシック戦線はトニービンの仔が好走していた。

1993年、初年度産駒のウイニングチケットがダービーを制すると、牝馬のベガが桜花賞とオークスの二冠を制覇。そんな状況下で注目を集めた「遅れてきた大物」がノースフライトだった。

5月1日の未出走戦で2着に1秒5差の大差勝ちを収めると、2戦目の足立山特別でも1秒3差と2着以下を突き離した。2戦目に初騎乗したベガの主戦・武豊騎手が「ベガのライバルだ」と語っていたほどだ。

3戦目は体調が優れず5着に敗れるも、次走の府中牝馬Sでは初コンビの角田晃一騎手とともに古牝馬を一掃し重賞初制覇。返す刀で挑んだエリザベス女王杯では「ベガはベガでもホクトベガ!」の実況が響く中、ノースフライトは800mの距離延長も克服して2着に健闘。彼女を「ライバル」と語った武騎手とベガ(3着)を2馬身置き去りにした。

12月に阪神牝馬特別を1馬身半差で勝つと、1月の京都牝馬特別では57キロを背負いなが

父 トニービン
母 シヤダイフライト
母の父 ヒッティングアウェー
戦績 [8-2-0-1]
安田記念　マイルCS
距離適性 短〜中距離
脚質 先行・差し

ら2着に6馬身差の圧勝劇。前者は2000m、後者は1600mだったため、マイル戦での瞬発力が最大の武器だと感じた陣営は3月に牡馬混合重賞のマイラーズCに出走させる。

ここで後のジャパンC優勝馬マーベラスクラウンや朝日杯3歳S馬エルウェーウィンら歴戦の牡馬騙馬をも退け重賞3連勝を飾ると、マイルGⅠの安田記念へ向かった。

同馬で3連勝を果たした武騎手が外国馬スキーパラダイスに騎乗するため、ノースフライトの鞍上は3戦ぶりに角田騎手へ手戻った。スタートで出遅れたため、それまでの先行策から一転して後方待機策をとったが、これが吉と出た。

逃げるサクラバクシンオーの1000m通過タイムは56秒9と超ハイペース。展開の利を受けたノースフライトは出走馬中2位の上がり35秒7で先頭ゴール。直線で先行勢をまとめて交わし、初のGⅠ制覇と相成った。

そして同年秋。スワンSでは2番手を走るサクラバクシンオーに1馬身1/4差届かず2着となったが、1ハロンの距離延長となった次走のマイルCSではサクラバクシンオーを直線でとらえて先頭ゴール。勝ちタイム1分33秒0はレコード勝ちであり、9年前のニホンピロウイナー以来、史上2頭目となる同一年度の春秋マイルGⅠ制覇を牝馬として成し遂げた。

もしもこの馬がクラシックに間に合っていたら。オークスはともかく桜花賞は好勝負だったに違いない。マイル路線に現れた、当時としては希少な名牝だった。

（後藤豊）

アブクマポーロ

中央も震え上がった、南関の哲学者

1992年生まれ
牡
鹿毛

その名前から「南関東の哲学者」の異名を取るアブクマポーロ。涼しい顔で突き離していくその様から、クールなイメージが強いのかもしれない。しかし、覚醒を遂げたこの馬の放つ、圧倒的な威圧感、戦慄が迸るような唸りを上げる手応えは、哲学者というよりも別のイメージを抱くものだった。そう、それはまさに「鬼神」とも言えるような、信じ難いほどの走りであったのだ。

本格化の兆しは東海ウインターSで中央馬を破り快勝した頃。その翌年、1998年からは完全に「アブクマポーロの年」となった。とにかく負ける感じが全くしない、無双無敵の快進撃が続く。中央競馬の当時のトップクラスが束になっても全く敵わず、馬なりで千切られていく――。川崎記念を3馬身差、ダイオライト記念を4馬身差、マイルグランプリで6馬身差、かしわ記念を6馬身差。帝王賞ではインコースの後方に置かれるも、そのままインから瞬時に駆け上がり、1馬身半差突き抜け圧勝した。NTV盃も8馬身差、馬なりのまま突き離す一方。当時を生きた中央競馬のダート最強クラスが、全く相手にならないのである。芝を走るように、颯爽としなやかに疾風のように駆ける瞬発力…私は「地方競馬における

父 クリスタルグリッターズ
母 バンシユーウエー
母の父 ペール

戦績 [23-3-3-3]
帝王賞　東京大賞典　川崎記念2勝
かしわ記念
距離適性 マイル〜長距離
脚質 先行・差し

史上最強馬はアブクマポーロ」だと信じてやまない。それこそ、中央も含め、日本ダート史上最強馬候補に加えても問題ないとさえ考えている。

そんなアブクマポーロの強さを裏付けるデータが二つある。

まず一つ目が、98年の帝王賞で記録した上がり「35秒5」である。この上がりは帝王賞史上で最速の3ハロンであり、2位がスマートファルコンの36秒0。歴代で1頭だけ突出した孤高の上がりを記録しているのである。東京大賞典やジャパンダートダービーを含めても、この上がり時計を超えるのは、2008年の東京大賞典1着カネヒキリと2着ヴァーミリアンの35秒1と35秒0の2頭のみ。2頭は中央競馬でも歴代屈指の砂の強豪で、この時も鞭を振るって全力で追っている。対して、アブクマポーロは軽く追われて最後は抑えて出した上がり。超次元の数字と言って良いだろう。

二つ目が、98年かしわ記念のレコードタイム1分35秒4である。このタイムは、重馬場とはいえ、ほとんど追われることなくマークされ、未だに更新されていない。2位が1分35秒9のエスポワールシチー。重馬場で全力で追われて記録した数字であるから、重い砂への入れ替えも行われた今、もはや更新不可能なレコードになりつつある。地方競馬の黄金時代、その末期に現れた砂の哲学者は、やはり地方史上最強の存在であったに違いないと、今も固く信じている。

（兼目和明）

ライデンリーダー

交流元年、笠松からきた衝撃の実力派牝馬

1992年生まれ
牝
鹿毛

笠松競馬には競走馬の名前を冠した重賞が三つある。オグリキャップ記念、ラブミーチャン記念、そしてライデンリーダー記念である。オグリキャップ、ラブミーチャンと並んで重賞にその名を刻むライデンリーダー。中央競馬相手の重賞実績はこの2頭に比べるとやや控えめに映るかもしれない。

しかし、当時の競馬界に与えた衝撃はこの2頭に勝るとも劣らない物だった。1995年、「交流元年」と呼ばれるこの年、地方と中央との交流が本格的に始まり、地方競馬所属馬が指定トライアル競走で優先出走権を獲得すれば中央のGⅠに地方所属のままで出走できるようになった。

そんな年に4歳（旧馬齢）を迎えたライデンリーダーは地元笠松で10戦10勝という圧倒的な成績を引っ提げて桜花賞トライアル、報知杯4歳牝馬特別（現フィリーズレビュー）に笠松所属のままで出走。前年の桜花賞を笠松から移籍のオグリローマンが制していた事から笠松での実力でも充分と見られたか、2番人気に推された。

多くの注目が集まる京都競馬場のゲートが開く。

父	ワカオライデン
母	ヒカリリーダー
母の父	ネプテューヌス
戦績	［13-1-2-8］ 報知杯4歳牝馬特別
距離適性	短〜中距離
脚質	追込

ややバラついたスタートの中でまずまずのスタートを切り、中団やや後ろ辺りに付ける。鞍上の安藤勝己騎手が手綱を扱いて扱いて追走するその走りは、流れに乗るのがやっとという内容。安藤騎手が「全然付いていかないなと思った」と後に振り返る走りで、コーナーを回っても中団より後ろだった。しかし、直線に入り馬場の外側に出て鞭が入ると彼女のスイッチが入った。1番人気エイユーギャルが早くも先頭に立って後続を振り切りにかかる。その時、赤いメンコに空色と白の貸服の安藤騎手跨るライデンリーダーが緑のターフを一閃。先頭を行くエイユーギャルを並ぶ間もなく抜き去ると直線だけで3馬身半差をつけての圧勝。実況の関西テレビ杉本清アナが「恐れ入ったあ!」と吠え、レース後に「なんですか、これは本当に」と言うほどの豪脚。京都競馬場は大歓声とどよめきに包まれた。

その後、ライデンリーダーは桜花賞4着、オークス13着、ローズS3着からエリザベス女王杯13着と牝馬三冠全て優先出走権を得て完走した。

三冠での結果は出なかったが、交流元年に現れた彼女はまさに新時代の扉を開いた存在としてその末脚の衝撃とともに記憶される。

再びクラシックに挑む馬の登場を願うのが2歳重賞ライデンリーダー記念という存在であり、今も笠松に記憶とともにその名を残している。

（淀乃三千）

ブロードアピール

時代を超えても色褪せない、衝撃の末脚

１９９４年生まれ
牝
黒鹿毛

ダートの短距離といえば、屈強な牡馬がそのスピードとパワーを活かして逃げや先行で押し切るのが一般的なイメージだが、ブロードアピールは牝馬ながらも驚異的な末脚で他馬をごぼう抜きにする戦法でファンを魅了した。彼女の魅力は力を要する乾いた砂でも他馬とは別次元の末脚で強い馬相手に勝ちきった点、それも複数回、しかも高齢になってからもやり遂げた点にあるだろう。彼女の長いキャリアを語り尽くすことは難しいが、中でもその魅力が詰まった一戦こそ、２００２年のガーネットＳである。

この年は東京競馬場改修に伴う変則開催により、１月の東京で開催された。それも改修に伴い廃止となった東京ダート１２００ｍでの開催である。既に実績を重ねていた彼女は武豊騎手を背に１番人気に支持されたが、新興勢力のサウスヴィグラス、古豪ビーマイナカヤマやワシントンカラー、名牝ゴールドティアラなど、強敵が揃っていた。

レースでは後方12番手からじっくりと脚を溜めたブロードアピール。最後の直線で武騎手の手が動くとその脚が高速回転を開始する。異次元のスピードで他馬をごぼう抜き。抜け出していたサウスヴィグラスをまるで肉食獣が食いつくかのような勢いで交わすと、１馬身１

父 Broad Brush
母 Valid Allure
母の父 Valid Appeal

戦績 [13-5-5-13]
ガーネットS　シリウスS　プロキオンS
根岸S　シルクロードS　かきつばた記念
距離適性 短距離
脚質 追込

／4差の楽勝だった。上がり3ハロンは良馬場のダートで34秒3を計時した。

映像で何度も魅了されたこのパフォーマンスの凄さを数値で立証できないかと、ダート良馬場で上がり34秒4以内で勝利したケースを調べたところ、8例あった（期間1986年～2024年5月、距離・コース不問、中央に限る）。その中で1200mに絞ると4例に絞られ（他4例は1000m）、うち2例は彼女によるもの（同ガーネットSと00年の根岸S）である。ちなみに残る2例はテスタマッタ（09年の出石特別）とシルクフォーチュン（10年の出石特別）によるもので、いずれもダートの強豪だ。また、同ガーネットSのレース全体の上がり3ハロンが36秒0だったことから彼女が計時した上がり34秒3との差は1秒7で、これは先述の条件に該当した8例の中では最も大きな差だった（これも00年の根岸Sと同率1位）。

彼女の凄さは見た目だけでなく、時を超えて数値でも証明できるものなのである。

ブロードアピールの驚異的なパフォーマンスは四半世紀が経とうとしている今でも、色褪せることなく観る者の心を揺さぶる。それは映像だけでなく数字にも裏付けられた確かな記録でも立証できることで、そのパフォーマンスを再現しようとも難しいことがわかる。

彼女が競馬界において類まれなる存在であることは、時が経てば経つほど実感できるのだ。

（ムラマシケソゴ）

フラワーパーク

自分の庭では三冠馬も寄せ付けぬ短距離女王

1992年生まれ
牝
鹿毛

28年前、GI昇格1年目の高松宮杯（現高松宮記念）に三冠馬ナリタブライアンが出走した。1カ月前の天皇賞・春で2着に敗れており、2000mの距離短縮という極めて異例のローテーション。デビューから3戦、1200mを走っていたものの、菊花賞を制して以降の最短距離は2000m。「人間に例えればマラソンランナーが100m走に出走するようなもの」だとの批判も見受けられた。

さらに遡ること27年前、天皇賞・春の覇者タケシバオーが秋に1200mを勝った例もあったが、グレード制が導入されて以降は、距離別による「競走体系」が整備されてきた。特に90年代はNHKマイルCが創設されており、クラシック戦線のみだった3歳戦にマイル王という新たな路線が誕生した。

それだけに、レース前から異例の注目を集める一戦となった。

1番人気は前年スプリンターズSの覇者ヒシアケボノでナリタブライアンは2番人気。3番人気は前走でシルクロードSを勝ち、初の重賞制覇を遂げたフラワーパーク。三冠馬がスプリント戦でどんなレースをするのかと、中京競馬場には史上最多の7万4000人が詰め

父　ニホンピロウイナー
母　ノーザンフラワー
母の父　ノーザンテースト

戦績　[7-2-1-8]
高松宮杯　スプリンターズS
距離適性　短距離
脚質　先行

かけた。

レースは2番手を進んだフラワーパークが直線でもスピードを発揮、終わってみれば1分7秒4で初のGI制覇を果たした。2着ビコーペガサスを2馬身半、直線半ばで伸びてきたナリタブライアン（4着）には0秒8もの大差。スプリント戦という自分の庭では三冠馬とて敵わず、結果的に「ステイヤーを寄せ付けなかったスプリンター」として現高松宮記念の初代王者に輝いた。

勝ち時計1分7秒4は12年間も破られなかったレコードタイムであり、歴代の高松宮記念でも4番目の速さである。

また2着馬との2馬身半差は、スプリント戦になって以降、02年ショウナンカンプの3馬身半、14年コパノリチャードの3馬身に次ぐ着差。同年秋にスプリンターズSを制しスプリント春秋制覇（その後トロットスター、ビリーヴ、ローレルゲレイロ、カレンチャン、ロードカナロア、ファインニードルの6頭が達成）を果たしたのも納得の結果だった。

あれから28年が経った2024年4月6日。フラワーパークは32歳で天国へ旅立った。訃報を耳にしてナリタブライアンとの高松宮杯、エイシンワシントンとのマッチレースとなったスプリンターズSを思い出し、当時の印象を振り返った。

短距離と長距離はまったく別物。そう確信させてくれた名馬であった。

（後藤豊）

ダンスインザダーク

最悪の展開を耐えて手にした菊の大輪

1993年生まれ
牡
鹿毛

遡ること29年、1995年のクラシックは皐月賞をジェニュインが、日本ダービーをタヤスツヨシが勝利。さらにオークスもダンスパートナーが勝つなど、サンデーサイレンス産駒が初年度からクラシック3勝の偉業を成し遂げた。その勢いは翌年も続き、96年の牡馬クラシック戦線も「サンデー四強の争い」と目されていた。

朝日杯3歳Sをバブルガムフェローが制すると、ラジオたんぱ杯3歳Sはロイヤルタッチとイシノサンデーのワンツーフィニッシュ。さらにロイヤルタッチがきさらぎ賞で重賞連勝を果たすと、弥生賞をダンスインザダークが勝利。スプリングSをバブルガムフェローが勝ち、皐月賞はサンデー産駒の争いになるとみられていた。しかしバブルガムフェローが骨折で春を全休。ダンスインザダークも皐月賞6日前に39度の熱発を発症。皐月賞はイシノサンデーとロイヤルタッチのワンツーフィニッシュとなった。

ダービーに直行するとみられていたダンスインザダークだが、回復が早かったこともあり陣営はプリンシパルSに出走させた。2着を2馬身突き離す楽勝劇に、ダービーでは多くのファンが「皐月賞組より上」とみてダンスインザダークを1番人気に支持した。鞍上の武豊

父　サンデーサイレンス
母　ダンシングキイ
母の父　Nijinsky

戦績　[5-2-1-0]
菊花賞
距離適性　中〜長距離
脚質　先行・差し

騎手にとって悲願だったダービー制覇を、ファンが後押しした雰囲気も感じられた。

前方4番手からレースを進めたダンスインザダークは直線に入り残り200mで先頭に立った。多くのファンが大声援を送る中、外からフサイチコンコルドの猛襲を受ける。クビ差先着されたフサイチコンコルドに悲願を遮られた武騎手のショックは大きかった。ダービーを勝ったらイギリスのキングジョージVI世&クイーンエリザベスダイヤモンドSへ遠征するというプランを立てていたが、断念して秋へ向かった。

秋初戦は菊花賞の前にまず京都新聞杯を制覇。これで皐月賞・ダービー・菊花賞のトライアルレースをすべて勝利したことになる。迎えた菊花賞は前半1000m通過61秒9、2000m通過2分7秒0と超スローな流れで、直線入り口では前が詰まる最悪の展開となった。しかし、直線で内へ進んだダンスインザダークは上がり33秒8（上がり2位はロイヤルタッチの34秒3）という瞬発力を発揮して前を交わし、三冠最終戦を制した。

勝利のカギとなったのは、武騎手の落ち着いた手綱さばきにあった。「京都の4コーナーは必ず内が開く」という信念の下、前が開くのを待ち外に出さなかった。そしてラストの末脚の勝負に賭けた。最後の直線でダンスインザダークの姿はほとんど映っておらず、画面から遮られている。武騎手だからこそ勝てた。そう思わせる手綱さばきだった。

（後藤豊）

バブルガムフェロー

秋の天皇賞に愛されたサンデー第2世代筆頭

1993年生まれ
牡
鹿毛

2021年のエフフォーリア、22年のイクイノックスをはじめ、近年は3歳馬の活躍も目立つ秋の天皇賞。37年前の87年、半世紀ぶりに4歳馬（旧馬齢）の出走が認められたが、怪物オグリキャップですら2着に敗れるなど、古馬に勝てない鬼門のレースだった。そんな重い歴史の扉を開いたのが、バブルガムフェローだ。

日本競馬界を席巻したサンデーサイレンスの2世代目にあたるこの若駒は新馬戦こそ3着に敗れたが、そこから一気の3連勝でGⅠ朝日杯3歳Sを制覇。年が明け、クラシック本番前の足慣らしに出走したGⅡスプリングSも快勝し、後は世代の頂点をうかがうばかりだった。ところが、最有力候補として挑んだGⅠ皐月賞の1週前追い切り後に右脚の骨折が判明。春のクラシックは諦めるほかなかった。

故障も癒えた秋。管理する藤沢和雄調教師は、バブルガムフェローの目標を菊花賞ではなく、秋の天皇賞に定めた。後に藤沢流ローテーションともいわれる異例の決断であり、馬優先主義の藤沢師にとっては当然の判断だったのかもしれない。復帰初戦のGⅡ毎日王冠は3着。敗れはしたものの、骨折休養明けを思えばまずまずの結果である。

父　サンデーサイレンス
母　バブルカンパニー
母の父　Lyphard

戦績　[7-2-3-1]
朝日杯3歳S　天皇賞・秋
距離適性　中距離
脚質　先行

本番の天皇賞・秋は、マヤノトップガン、サクラローレル、マーベラスサンデーら古馬の一線級が集う豪華メンバーの中、4歳馬はバブルガムフェローただ1頭。加えて、デビューからコンビを組む主戦の岡部幸雄騎手が海外遠征のため不在。当時関東のホープであった蛯名正義騎手への乗り替わりとなり単勝は7・4倍の3番人気だった。

レースは五分のスタートを切ったバブルガムフェローが道中は内の3番手を追走。手応え良く最終コーナーを回ると、直線で外から一旦は先頭に立ったマヤノトップガンに馬体を併せて並びかける。激しい叩き合いを繰り広げる中、さらに後方からはサクラローレルとマーベラスサンデーが2頭目掛けて襲いかかる。4歳馬と古馬が互いの意地とプライドをかけて火花を散らしたレースの結末は、蛯名騎手の右鞭に応え最後にグイッと伸びたバブルガムフェローがマヤノトップガンに半馬身差をつけて先頭でゴール。59年ぶりの4歳馬による秋の天皇賞制覇の偉業達成は、蛯名騎手の初GI制覇というおまけつきだった。

エアグルーヴのクビ差2着に敗れた翌年の秋の天皇賞も印象深い。エアグルーヴからすれば、17年ぶりの牝馬による秋の天皇賞制覇の偉業といえるが、同じレースで一度は自身が偉業の立役者となり、もう一度は偉業の引き立て役になる馬もそうはいないだろう。バブルガムフェローこそ秋の天皇賞に最も愛された馬ではないか。

（安藤康之）

フサイチコンコルド

3カ月ぶりの実戦でダービーを制した秘密兵器

1993年生まれ
牡
鹿毛

日本ダービーでは毎年のように「関西の秘密兵器」と言われる馬が出走する。どの秘密馬も毎年凡走する中、この馬だけは文字通り本物の「秘密兵器」だった。

「3月以来のレースになります」――1996年のダービーのパドックで、他馬とは異なる紹介をされたフサイチコンコルド。年明けの新馬戦を快勝後、2戦目のすみれSを連勝してダービーに挑んできた。皐月賞は発熱で回避、陣営は青葉賞への出走を検討したが、開催日がゴールデンウィークであることから渋滞により輸送時間が長引く。そこでプリンシパルSに切り替えたが、38度の高熱により出走を回避。約3カ月ぶりのぶっつけ挑戦となった。

この年の人気馬は非王道路線組が中心だった。1番人気はプリンシパルSを勝ったダンスインザダーク。皐月賞には出走しなかったが、弥生賞&プリンシパルSの連勝が評価された。鞍上がダービー初勝利を目指す若武者・武豊騎手だったのも1番人気の要因となった。

2番人気は皐月賞2着だったロイヤルタッチ。ラジオたんぱ杯3歳Sでは皐月賞馬イシノサンデーを破り、続くきさらぎ賞ではダンスインザダークに競り勝った。過去5戦オール連対だったのも高評価の要因となった。

父 Caerleon
母 バレークイーン
母の父 Sadler's Wells

戦績 [3-1-1-0]
日本ダービー
距離適性 中距離
脚質 先行・差し

皐月賞を制したイシノサンデーは、東京芝コース初出走で3番人気。本来は王道である皐月賞組が軽視されたのも、別路線組が強いとみなされたからだ。

そして、朝日杯3歳Sとスプリング Sを制したバブルガムフェローの回避も、この年のクラシック戦線に大きな影響を与えていた。皐月賞の直前に骨折が判明。ダービーも回避することになった。出走なら1番人気で優勝していたかも…と思わせる能力の持ち主だった。

主役不在で人気は別路線。この状況下で7番人気だった「秘密兵器」は一世一代のレースをしてみせた。1番人気のダンスインザダークが3番手を進む中、2馬身半後方の内側を走る。1000m通過61秒4というスローペースを絶好の位置で走り、残り200mで先頭に立ったダンスインザダークに襲い掛かる。2頭のマッチレースは外から猛追したフサイチコンコルドがクビ差で差し切り勝ち。

先頭ゴールの直後、鞍上の藤田伸二騎手はスタンドに向かってガッツポーズをすると、悔しそうな武騎手と握手を交わした。レース直前に体温が高く、出走をやめるかも、との話もあったらしく、正に奇跡の「秘密兵器」。ローテーションも展開も、すべてがこの馬に向いた。

キャリア3戦目のダービー制覇はフレーモア(34年)、ガヴァナー(35年)、クリフジ(43年)とフサイチコンコルドの4頭のみ。正に奇跡のローテーションである。

(後藤豊)

ケイエスミラクル

米国から来た、悲運の天才スプリンター

1988年生まれ
牡
鹿毛

父は現役時に一般戦を3勝しただけという、お世辞にも良血とはいえない米国産馬は、生まれながらに日本脳炎を患っていた。来日後まもなく高熱が続いて生死の境をさまよい、デビュー前には重度の脚部不安も発症。しかし、それらを奇跡的に克服したことからケイエスミラクルと名付けられたその馬は、無事、4歳4月に初戦を迎えた。

すると、自らの境遇やデビュー前の危機を吹き払うように躍動する。わずか半年弱で4勝し、コースレコードを二度樹立すると、スワンSではGⅠ馬3頭やダイタクヘリオスらを相手に快勝。芝1400mの日本レコードをマークしたのである。

短距離路線は、間違いなくこの馬を中心に回る――。多くのファンが夢を抱き始めたスプリンターズS。神は三度、彼を見放した。直線で加速しようとしたその時、左第一趾骨粉砕骨折を発症したケイエスミラクルはずるずる後退していった。一方、その横を涼しい顔で駆け抜け4馬身差で圧勝したダイイチルビー。歓声と悲鳴、歓喜と悲哀が交錯するあまりにも残酷なコントラストであった。彗星のごとくターフに現われ、歴史的名馬になり得た奇跡の天才スプリンターは、短くも儚い生涯の幕を閉じた。

（齋藤翔人）

父 Stutz Blackhawk
母 レディベンドフエイジヤー
母の父 Never Bend

戦績 ［5-2-1-2］
スワンS
距離適性 短距離
脚質 先行・差し

サンエイサンキュー

使われ続け有馬記念で散った、悲運の名牝

1989年生まれ
牝
芦毛

7月の札幌でデビューを果たすと、連闘で新馬戦を走り初勝利。さらに3連闘で札幌3歳Sを13着。その後も函館で2戦を消化、6戦目の東京で2勝目を挙げると阪神3歳牝馬Sに出走して2着。3歳時に7戦を走ったサンエイサンキューは、4歳になっても走り続けた。年明け初戦のクイーンCで重賞初制覇を果たすと、次走は弥生賞に出走して6着。桜花賞で7着に敗れるも、距離延長となったオークスで2着。

さすがにここで休養かと思われたが、7月上旬の札幌記念に出走して重賞2勝目を挙げた。このころから「使いすぎ」と言われ、鞍上の田原成貴騎手も同馬の体調が良くないと語っていたが、陣営は8月の函館記念（8着）、10月のサファイヤS（1着）、ローズS（2着）、そしてエリザベス女王杯（5着）と使い続けた。悲運のレースとなった有馬記念。トウカイテイオーが断然人気の中、ハナを切ったメジロパーマーが大穴を開けたレースで、後方を進んだサンエイサンキューは直線に入ると骨折により競走を中止。陣営は懸命に延命措置を試みたが、約2年後にこの世を去った。使われ続けた最大の要因は、サンエイサンキューが一生懸命走り続けたため。人間の勝手な思惑が起こした悲劇だった。

（後藤豊）

父 ダイナサンキュー
母 グロリーサクラ
母の父 Sea Hawk

戦績 [5-5-0-7]
クイーンC　札幌記念　サファイヤS
距離適性 短〜中距離
脚質 先行・差し

マイシンザン

強靱な末脚と誇りを引き継いだ不屈の戦士

1990年生まれ
牡
鹿毛

「かわったか、かわったか、かわったマイシンザンだー！　やっぱりマイシンザンこいつは強い！」——1995年秋の朝日チャレンジC、1分58秒0のレコードで駆け抜けたマイシンザンを、名実況で知られる杉本清アナウンサーは「やっぱり強い」と表現した。しかし、競馬ファンになりたての私には、なぜ「やっぱり」なのか、理解が追いつかなかった。

マイシンザンの父はGⅠ3勝馬ミホシンザン、祖父は伝説的名馬、五冠馬シンザン。彼は4歳春のNHK杯（当時は日本ダービートライアルのGⅡ）で、素質馬ガレオンや後の天皇賞・秋勝ち馬サクラチトセオーを相手に圧勝した。しかし、ダービーでウイニングチケットの5着に敗れると、屈腱炎を二度も患ってしまう。

長い休養を経て再びその豪快な脚を披露したのが、95年の朝日チャレンジCだった。私はその後、マイシンザンの過去のレースを見返し、彼の血筋を学び、ようやく腑に落ちた。

NHK杯を圧勝したマイシンザンだぞ、ミホシンザン、そしてシンザンの血を受け継いだあいつだぞ。杉本アナの熱のこもった「やっぱり」にはそんな想いが詰まっていたのではないか。待っていろ、ライバルたちよ、私たちのシンザンが帰ってきたぞ、と。

（三原ひろき）

父　ミホシンザン
母　ファイブソロン
母の父　パーソロン

戦績　［4-1-0-7］
NHK杯　朝日チャレンジC
距離適性　中距離
脚質　差し

ロイスアンドロイス

「2着」の美学を見出したエンターテイナー

1990年生まれ
牡
鹿毛

28戦3勝2着9回3着7回。デビューから12戦連続複勝圏内かつ1勝のみという、かのナイスネイチャやサウンズオブアース、ステイゴールドでも達成できなかった大記録を持つロイスアンドロイスは、生粋のエンターテイナーだったのではないだろうか。

調教は自分のメニューを理解し、乗り手のいうことを聞かずとも完璧にこなしてしまっていたというロイスアンドロイス。ダービートライアルの青葉賞で6戦0勝の未勝利馬ながら3着に突っ込む異才ぶりを見せつけ、以降も未勝利戦を勝ち上がった後はどんな条件だろうとほぼ2着か3着と、常に「あとちょっと」のところまで来る馬だった。当時五つしかなかったジャパンCの日本馬出走枠に、重賞未勝利ながら選定されたのも納得がいくほど、彼の走りには「次こそは勝つのか」と思わせる魅力があった。

1着を取ったのは、生涯でたった三度。その内2勝を挙げた後藤浩輝騎手が後に「ロイスは数を数えられて、入りたくて2着3着に入っていたのかもしれない」と語ったように、強くもどこかもどかしかった彼の走りは、「また勝てないのか！」という我々の反応と歯痒さを理解していたが故にできた、彼のパフォーマンスだったようにも感じられる。

（小早川涼風）

父　トニービン
母　ザッツマイパル
母の父　Key to the Mint

戦績　[3-9-7-9]
サロベツS　むらさき賞
距離適性　中距離
脚質　自在

サムソンビッグ

三冠皆勤賞、人気・魅力は一流の重賞1勝馬

1991年生まれ
牡
鹿毛

サムソンビッグは、重賞勝利が一つという実績以上の人気を誇るアイドルホースだ。サムソンビッグが当時を知るファンから今も愛される理由は、大きく分けて三つあるように思う。

一つ目は1994年きさらぎ賞の逃げ切り勝ち。札幌競馬場のダートで新馬勝ちした後、距離が延びてからは苦戦続きだったサムソンビッグ。前2走の大敗もあり、きさらぎ賞は単勝172倍の最低人気であった。しかしながら、あれよあれよの逃げ切り勝ちで単勝万馬券。競馬ファンをあっと言わせた。二つ目はクラシックでの戦績。皐月賞はブービー、ダービー、菊花賞はシンガリと、あわや「逆三冠」となる所だった。一方、三冠馬ナリタブライアン以外で三冠を完走したのはサムソンビッグのみだったことから、各所でナリタブライアンとの友情ネタが話題となった。三つ目は障害競走への挑戦。古馬になり成績が振るわなかったサムソンビッグは、96年初戦に障害未勝利戦へ出走した。競馬ファンも半信半疑の3番人気だったが、終わってみれば逃げて8馬身差の圧勝。サムソンビッグにジャンパーの素質があったとは、と話題になったが、その後勝ち星を一つ加えただけで引退となった。サムソンビッグの真の魅力は、諦めずにチャレンジし続けたことではないだろうか。

（佐幌俊正）

父 サクラショウリ
母 シユンイチオーカン
母の父 フロリバンダ

戦績 ［4-4-3-24］
きさらぎ賞
距離適性 中距離
脚質 逃げ・先行

ホッカイルソー

愛すべき名脇役が手にした復活の金メダル

1992年生まれ
牡
黒鹿毛

あと一歩のところで勝利に届かず惜敗を繰り返す馬、愛を込めて呼ぶなら「イマイチ君」に心惹かれるのはなぜだろうか。惜敗馬における大スターといえばステイゴールドで間違いないところだが、ホッカイルソーもまた愛すべきイマイチ君だった。

弥生賞で3歳王者フジキセキの2着に敗れてから惜敗を繰り返し始めたホッカイルソーは、三冠レースで4、4、3着。さらに、GIどころか年末のオープン、ディセンバーSで2着に敗れるなど、勝ちきれない日々が1年以上続いてしまう。

それでも翌春の日経賞で待望の重賞初制覇を成し遂げると、春の天皇賞も3着に好走する。GIで二度目の銅メダル獲得とはいえ、長距離路線で一線級の実力を示したと思われた矢先、不治の病ともいわれる屈腱炎を発症。3年近くの休養を余儀なくされてしまった。

故障の影響か、復帰後は結果を出せずにいたホッカイルソーだが、徐々に調子を上げるとオールカマーでついに復活。屈腱炎を克服した先に摑んだレコード勝ちはGIタイトルに勝るとも劣らない金メダルで、場内からは万雷の拍手が沸き起こった。ファンがイマイチ君に期待していたのは、惜敗ではなく1着。その何よりの証明となる大声援だった。

（齋藤翔人）

父	マークオブディスティンクション	戦績	[5-5-7-11] 日経賞　オールカマー
母	ホッカイラブリー	距離適性	中〜長距離
母の父	ホッカイダイヤ	脚質	差し

キョウエイマーチ

強敵メジロドーベルを突き離した桜花賞馬

1994年生まれ
牝
鹿毛

「今日は滅多にない不良馬場での開催となりました。私は通常、人気馬は嫌いますが、本日1番人気のキョウエイマーチは好走確率が高い気がします。これまで5戦4勝のうち2勝がダート戦で、その2勝とも2着を10馬身以上離す大差勝ちでした。他馬にとって不良馬場は未知数ですが、この馬にとってはプラスに働くはずです」

桜花賞のレース前、ある解説者のコメントである。キョウエイマーチはスタートから2番手につけ、ライバルの2着メジロドーベルを4馬身以上突き離す圧勝劇。逃げ・先行馬が馬群に沈む中、1頭だけ別次元の走りをしてみせた。次走のオークスも重馬場で、この馬にとって歓迎材料に思えたが、1番人気ながら11着に惨敗。当初は2400mの長距離が合わなかったと感じたが、この馬がGIレースで敗れた際の共通点は「関東での競馬」。長距離輸送が合わなかった気がした。秋になるとローズSを逃げ切り、続く秋華賞ではメジロドーベルの2着と好走。1カ月後のマイルCSでもハナを切ってタイキシャトルの2着と好走を重ねたが、初の中山戦となるスプリンターズSでは11着と惨敗。GI5勝を挙げた名牝に圧勝した桜花賞こそベストレースだった。

（後藤豊）

父	ダンシングブレーヴ
母	インターシャルマン
母の父	ブレイヴェストローマン
戦績	[8-4-3-13] 桜花賞
距離適性	短距離
脚質	逃げ・先行

メジロブライト

強力世代に囲まれながら4連勝した天皇賞馬

1994年生まれ
牡
鹿毛

「常識がハマらない」――そう感じさせた馬がメジロブライトだった。最低人気で勝利したデビュー戦の勝ち時計は2分1秒6。2000mではなく1800mであり、1000m通過72秒0の超スローペースを最後方から差し切った。距離が伸びたラジオたんぱ杯3歳Sと共同通信杯を連勝。共同通信杯4歳Sは三冠馬ナリタブライアンと同タイムで「覚醒した」と思いきや、皐月賞・日本ダービーとも1番人気ながら4着と3着。秋の京都新聞杯と菊花賞も連続3着。

しかし、4歳の冬に同馬は覚醒した。ステイヤーズSで2着に1秒8差をつけると、アメリカジョッキークラブC、阪神大賞典と重賞3連勝後、迎えた春の天皇賞で初のGI制覇を果たした。スタートダッシュがつかず後方からの競馬を続けていた同馬は、淀の舞台でもゲートで出遅れ後方からの競馬になったが、向正面で6番手に位置するとラスト34秒3の末脚でステイゴールドを2馬身突き離した。同世代にはサニーブライアン&サイレンススズカ、1世代下にはスペシャルウィーク&グラスワンダー。名馬の世代に挟まれたが、全25戦のうち馬券圏外は6戦のみ。GI1勝にもかかわらず8億円超の獲得賞金を手にした。

（後藤豊）

父	メジロライアン
母	レールデュタン
母の父	マルゼンスキー
戦績	[8-8-3-6] 天皇賞・春
距離適性	中〜長距離
脚質	先行・差し

ツルマルツヨシ

皇帝ルドルフの失われし傑作

1995年生まれ
牡
黒鹿毛

「すごい馬になる」――競馬の神様・大川慶次郎氏がブラウン管の中から強烈に推されていたのを、今でも覚えている。ツルマルツヨシのことだった。「神様」の慧眼に狂いはなく、1999年の京都大賞典でそれは満天下に示された。この年はスペシャルウィーク、メジロブライト、テイエムオペラオー、ステイゴールドと超豪華メンバー。セイウンエリアを除く出走全馬が重賞ウイナー（後の重賞馬も含む）である。セイウンエリアも東京・芝2300mのレコードホルダーとして名を残していることを踏まえると、京都大賞典史上、最強のメンバーではないか。それら強敵を相手に、先行3、4番手から直線を抜け出し快勝と現役屈指の実力を披露した。同年の有馬記念でも、グラスワンダーらと大接戦の末、4着と好走した。

しかし、その後の運命は暗転。骨瘤を発症、長期休養を余儀なくされ、輝きを取り戻せずにターフを去っていった。しかしその秘めたるポテンシャルは間違いなくGI級のものだった。父である皇帝ルドルフの最高傑作と言わば、誰しもがトウカイテイオーと即答すると思う。しかし、私は「ツルマルツヨシ」と、自信を持って答えたい。皇帝の最高傑作は帝王のみにあらず。もう1頭いたのだと、後世まで語り継ぎたい素質馬だった。

（兼目和明）

父　シンボリルドルフ
母　スィートシエロ
母の父　Conquistador Cielo

戦績　[5-0-1-5]
京都大賞典　朝日チャレンジC
距離適性　中〜長距離
脚質　先行・差し

サウスヴィグラス

生涯ダート界を牽引し続けたスピードスター

1996年生まれ
牡
栗毛

膝下が短く、背が低いながらもどっしりとした分厚い馬体。決して見栄えするとはいえないが、その見た目に騙されてはいけない。サウスヴィグラスの馬体には、類い稀なるスピードと、日本のダート界そのものを引っ張っていくパワーが備わっていたのだから——。

デビュー当初はダートで14戦連続3着以内と、抜群の安定感を誇りながら同時に惜敗も少なくなかったサウスヴィグラス。本格化を迎えたのは現6歳シーズンで、2002年の根岸Sで待望の重賞初制覇を成し遂げると、3月の黒船賞から翌年の北海道スプリントCまで骨折休養を挟みながら重賞6連勝。更にそのうち三つがレコード勝ちという、凄まじい内容だった。その後、東京盃で連勝は止まるも、通常より10m短い1190mで行なわれた大井のJBCスプリントを早目先頭から押し切りGⅠ初制覇。ついにダート短距離界の頂点を極め、これを手土産に種牡馬入りしたサウスヴィグラスの進撃は、第二の馬生でも止まらなかった。

産駒は、短距離はもちろん中距離をこなす馬も少なくなく、とりわけ「地に脚のついた馬体」が地方の砂に合ったのか、NARの種牡馬ランキングでは7年連続、八度も首位を獲得。18年に惜しまれつつこの世を去った後も日本のダート界を牽引し続けた。

（齋藤翔人）

父	エンドスウィープ
母	ダーケストスター
母の父	Star de Naskra
戦績	[16-8-2-7] JBCスプリント
距離適性	短距離
脚質	逃げ・先行

トロットスター

短距離戦国時代、彗星の如く現れた新王者

1996年生まれ
牡
鹿毛

1998年にタイキシャトルが引退して以降、日本の短距離界は中心馬不在の状況が続いた。GIのスプリンターズSと高松宮記念は開催ごとに勝ち馬が変わるばかりか、両レースで連対を果たした馬も皆無という馬券師泣かせの時代である。そんな短距離戦国時代に、彗星の如く現れたスプリント王がトロットスターだった。

本格化したのは5歳の秋。オープンのオーロCとGⅡCBC賞を連勝すると、年明けのGⅢシルクロードSも制して3連勝。その勢いのまま挑んだ高松宮記念では、2年前のスプリンターズS覇者ブラックホークを豪快に差し切り。6歳にしてGI初制覇を飾った。

次走の安田記念を14着と大敗すると、汚名返上の舞台は秋初戦のスプリンターズS。4カ月の休養明けで臨んだ一戦は、単勝8・1倍の4番人気とやや低評価の中でスタートした。4角を回って直線に入ってもレースを引っ張ったメジロダーリングの脚色は衰えず、このまま逃げ切るかと思われたが、中山の急坂を越えたところでインをついたトロットスターが伸びてくる。最後は粘るメジロダーリングをクビ差捉えて1着入線。96年のフラワーパーク以来となる春秋スプリントGI制覇を成し遂げ、短距離戦国時代に終止符を打った。

（安藤康之）

父　ダミスター
母　カルメンシータ
母の父　ワイズカウンセラー

戦績　［8-7-0-19］
高松宮記念　スプリンターズS
距離適性　短距離
脚質　先行・差し

スーパーペガサス

ばんえい競馬界の絶対的・伝説的ヒーロー

1996年生まれ
牡
栗毛

サラブレッドより大きなばん馬が、重いソリを曳いて歩く世界で唯一のばんえい競馬。帯広競馬場には、直線200mに小・大と二つの障害があり、それを乗り越えるのが醍醐味。2歳のばん馬が曳くのが500キロ弱、そこから斤量は増え、古馬重賞だと7〜800キロに及ぶ。ばんえい競馬の最高峰ばんえい記念は最も重い1トンのソリを曳き、力の限り歩むことになる。1トンともなるとかなりの負担で、レース後に「重病《おもや》み」といわれる後遺症で成績不振に陥るばん馬もいる。それほど過酷なレースが、ばんえい記念なのである。

そんな最高峰のレースばんえい記念で4連覇の偉業を成し遂げたのは、ばんえい競馬史上でスーパーペガサスのみ。デビューからさぞ活躍していたかと思うとさにあらず。スーパーペガサスは初勝利までに7戦、初重賞制覇までに28戦、2003年7歳でばんえい記念初制覇までに106戦を要し、ばんえい記念4連覇は153戦目。まさしく努力に努力を重ねたスーパーばん馬。主戦の一人・藤野俊一騎手は、「諦めないのが良いところ。我慢してずっと歩き続ける」と語る。残念ながら引退後に産駒を残すことなくこの世を去ったが、ばんえい記念を迎える度に、ばんえい競馬ファンはスーパーペガサスを思い出す。

（佐幌俊正）

父 （半血）ヒカルテンリユウ
母 （半血）アサヒシヤルダン
母の父 （ベルジ）マルゼンストロングホース

戦績 ［42-34-17-62］
ばんえい大賞典　ばんえい記念4勝　旭王冠賞3勝
チャンピオンC2勝　北斗賞3勝　北見記念2勝
距離適性 200m
脚質 先行

コラム

驚くべき上がり馬たち

～彗星のように現れ、一瞬で勢力図を塗り替える

2023年の菊花賞は「夏の上がり馬」ドゥレッツァが未勝利戦からの5連勝で優勝。大外枠から変幻自在の競馬でライバルを翻弄、同レースにおける重賞初出走馬の勝利はメジロマックイーン以来33年ぶりの快挙だった。このコーナーでは、僅かな期間で急激に成長し、それまでの勢力図を一瞬で塗り替えた驚異の上がり馬たちを振り返っていきたい。

菊花賞にまつわる上がり馬で、もう1頭、取り上げたいのがトーホウジャッカルである。2歳夏に生死をさまようほどの腸炎にかかったトーホウジャッカルがデビューを迎えたのは、ダービーの前日。結果は10着に敗れるも、最後方18番手から上がり最速で追い込み、鞍上の酒井学騎手は「ビビッときた」と、感じるものがあったのだという。

すると、その言葉どおり3戦目の未勝利戦と500万下（現1勝クラス）を連勝。玄海特別で連勝は止まるも、格上挑戦で出走した神戸新聞杯は、直線で再三前が詰まりながらダービー馬ワンアンドオンリーと大接戦の3着に健闘し、見事、菊花賞のチケットを獲得した。

そして迎えた大一番は、前走とは異なりすべてが上手くいったレース。好枠を生かしてス

タート後すぐに好位5番手のインにつけると、馬場の中央に持ち出された直線は早目先頭から末脚一閃。春の主役たちをあっという間に置き去りにすると、内から伸びたサウンズオブアースの追撃も振り切り優勝。デビューから149日の勝利はレース史上最速で、勝ち時計も日本レコードを1秒5更新する驚異的なタイム。この二つの記録は、今も破られていない。

一方、ダートのGIを制した上がり馬といえば、アロンダイトをおいて他にいないだろう。凱旋門賞で日本調教馬として初めて連対を果たし種牡馬入りするも、7歳で早世したエルコンドルパサー。その最終世代の1頭だったアロンダイトはデビューから2戦、芝のレースで8、11着と大敗。半年の休みを挟んだダートの未勝利戦も3着に敗れてしまった。

ところが、今は亡き後藤浩輝騎手とコンビを組んだここからの快進撃が凄まじく、中2週の未勝利戦を8馬身差で逃げ切ると、準オープン（現3勝クラス）の銀蹄Sまで一気の4連勝。決して派手な内容ではなかったが、勢いそのままに出走したGIジャパンCダート（現チャンピオンズC）でも、直線内ラチ沿いから末脚を伸ばすと、悲願のビッグタイトル獲得へ突き進むシーキングザダイヤとの叩き合いを制し、後藤騎手のガッツポーズとともに1着でゴール板を駆け抜けたのである。

グレード制導入以降、前走条件戦組の古馬混合JRA平地GI制覇は、86年の宝塚記念を勝ったパーシャンボーイ以来3頭目。以後、この快挙を成し遂げた馬はいない。（齋藤翔人）

第5章　遙かなる伝説の蹄音

昭和の名馬

1949-89

トキノミノル

「幻の馬」の記録が伝える凄み

1948年生まれ
牡
鹿毛

横浜根岸にある馬の博物館に入ると、広大な根岸競馬場跡地を背にした馬像がある。遠くの高台に旧一等馬見所もみえる絶景に収まる銅像には「幻乃馬」と記され、トキノミノルとある。10戦10勝、その間、レコード樹立は7回を数える。戦後、中央競馬で10戦10勝を記録した馬はいない。日本競馬屈指の名馬は東京優駿（日本ダービー）を制した17日後に破傷風によって急死した。風のように過ぎ去ったことから幻の馬と呼ばれる。

東京競馬場のパドックビジョンの裏には、競馬場の喧騒とは無縁の静かな庭園がある。馬券で熱くなった頭を冷やすにはちょうどいいマイナスイオン空間の入り口にもトキノミノル像はある。その視線はまるで後輩たちを見守るかのようにパドックに注がれている。また、トキノミノルの名は共同通信杯の副称にも残る。JRA発足以前の70年以上も前の名馬をその目で焼きつけた競馬ファンはもう少ない。ましてその血はもうどこにも残っていない。だからこそ幻と称されるのは致し方ない。だが、トキノミノルは幻でもなんでもなく、実在していた。たとえ記録でしか感じることができなくても、その記録は我々に伝える。トキノミノルが日本競馬の歴史において他の追随を許さない存在だったことを。

（勝木淳）

父	セフト
母	第弐タイランツクヰーン
母の父	Soldennis
戦績	[10-0-0-0] 皐月賞　日本ダービー
距離適性	中距離
脚質	逃げ

シンザン

類稀なる生命力を示した、伝説の三冠馬

1961年生まれ
牡
鹿毛

伝説の名馬、シンザンの強さの秘密は何か——。引退後の生活に、そのヒントがあった。繋養先の谷川牧場でシンザンの担当者となった斎藤優さん。シンザンは最初、斎藤さんに噛みつく素振りを見せたり、何度も壁を蹴り上げるなど気性の荒いところを見せたりしたが、危害を加えることは一度もなかったという。やがてシンザンと斎藤さんに信頼関係ができると、斎藤さんが「あし」といえば大人しく脚をあげて削蹄に応じるほどになった。

斎藤さんはシンザンの管理に苦心した人として知られる。食事は気に入らないと口にしないシンザンのため、お気に入りの牧草ルーサンの葉を、芯を抜いて与えていた。サラブレッドの長寿日本一になるまで何度も倒れたが、その度に斎藤さんが厩舎に布団を敷き、マッサージを繰り返すなど介抱すると、シンザンは立ち上がることができた。シンザンが亡くなったとき、斎藤さんが惜別のため亡骸を覆う布をめくると、被せる前に瞼を閉じさせたはずが、目を見開いた姿で若いときの精悍な顔つきだったことに驚いたという。

威嚇はするが危害を加えない賢さ、そして倒れても立ち上がる不屈の生命力こそ、シンザンをスーパーホースにした大きな強みだったのではないだろうか。

（張凡夫）

父 ヒンドスタン
母 ハヤノボリ
母の父 ハヤタケ

戦績 [15-4-0-0]
皐月賞　日本ダービー　菊花賞　宝塚記念
天皇賞・秋　有馬記念
距離適性 中〜長距離
脚質 先行・差し

カブトシロー

69戦を走り抜いた古武士は小柄な万能タイプ

1962年生まれ
牡
黒鹿毛

昭和の名馬であるカブトシローは、現在では考えられない馬である。2歳で10走、皐月賞の時点で17走目。2戦目の新馬戦で1000mを勝った同馬は、翌年の日本ダービーで20戦を消化。さらに初GI（現在のグレード）勝利となった秋の天皇賞（現5歳時・3200m）は何と54戦目。この間、1600mから3200mまで走り続けた。通算69戦して14勝。62年前とはいえ、今では常識外のローテーションである。しかも馬体重420〜440キロと小柄な馬が、よくぞ69戦も走り続けたものである。

1967年の有馬記念では大外枠から発走。6〜7番手につけると3コーナー手前で上昇していき2着以下との差は6馬身。しかも4着に破った馬が、その後有馬記念を連覇するスピードシンボリ。中学生だった筆者はラジオを聞いて「いけ！　カブトシロー！」と応援した。競馬好きだった父が常に応援していた馬であり、「1着になったらお年玉を増やしてやる」と言われ大声援を送った。先頭ゴールの瞬間、声が止まらなかった。カブトシローがきっかけで競馬好きとなり、気が付けば半世紀以上が過ぎた。今も近所の中山競馬場へ行き、カブトシローのような馬が現れてくれないかと願っている。

（山本和夫）

父　オーロイ
母　パレーカブト
母の父　イーストパレード
戦績　［14-7-12-36］
天皇賞・秋　有馬記念
距離適性　短〜長距離
脚質　先行・差し

スピードシンボリ

未踏の地を求め続けた偉大なチャレンジャー

1963年生まれ　牡　黒鹿毛

スピードシンボリが残した数ある偉大な功績のうち、個人的に最も凄みを感じるのは7歳時の有馬記念である。有馬前の欧州遠征では、英仏をまたいでの3戦転戦で、最後が欧州最高峰・凱旋門賞という究極にタフなローテーション。未知の環境、超一流馬との対戦を経て、疲れは限界を超え、衰弱と言えるレベルだったという。しかし驚異的な回復を見せて有馬に出走すると、7番人気の低評価を覆し見事に勝利した。

翌年、中央競馬会が国際招待競走の開催を計画していたこともあり現役を続行するも、国際競走の開催は見送りとなった。スピードシンボリは有馬記念連覇を目標に切り替え、前年に続きアカネテンリュウを2着に従え連覇を達成。幻に終わってしまった国際競走での勇姿も見たかったが、その夢は後輩たちに託された。

もしスピードシンボリが自らを語るとしたら…海外遠征の先駆者としての自分を誇るのだろうか。有馬記念への5年連続出走、晩年での連覇の偉業を語るだろうか。それとも1967年・70年と二度獲得した年度代表馬の栄冠だろうか。候補だけでも数えきれない。

——案外、史上最強馬と名高い、孫・シンボリルドルフの自慢話かもしれない。（三原ひろき）

父　ロイヤルチャレンヂャー
母　スイートイン
母の父　ライジングライト

戦績　[17-5-5-16]
天皇賞・春　有馬記念2勝　宝塚記念
距離適性　中〜長距離
脚質　差し

タケシバオー

国内で一度も3着を外さなかった条件不問の怪物馬

1965年生まれ
牡
鹿毛

オールマイティな怪物だった。弱点のなさは特筆ものである。国内で27戦、16勝2着10回3着1回。3着を外したことはない。良馬場でも不良馬場でもこなしてしまう。芝で12勝、ダートで4勝。距離も1000mから3200mまで勝ち切ってしまった。

レコードタイムを出したのはダートで3回、芝で2回。芝1800mでは65キロを背負って勝利。ダート2100mを走った直後に芝1200mでレコード。8連勝を果たした5歳時のローテーションはダート2100m↓ダート1700m↓芝2400m↓芝1600m↓芝3200m↓芝1800m↓ダート2100m↓芝1200m。加えて6人の騎乗者のうち5人が勝利を挙げている。恐らく乗りやすさは抜群だったのだろう。

グレード制導入の15年前におけるGIレース級の勝利は朝日杯3歳Sと春の天皇賞。この馬を最後に両レースを勝った馬は目にしたことがない。どんな条件でもこなす最強馬は令和の時代に現れたら正しく化け物だ。当時の競馬はマイナーなジャンルであり、レジャーというよりギャンブルとみられていた。そんな時代に、タケシバオーに関わった人たちは競馬を社会に認知させようと懸命に努力をしたのだ。

（山本和夫）

父　チャイナロック
母　タカツナミ
母の父　ヤシママンナ

戦績　［16-10-1-2］
天皇賞・春　朝日杯3歳S
距離適性　中〜長距離
脚質　自在

アローエクスプレス

内国産種牡馬の不遇時代、孤軍奮闘した巨星

1967年生まれ
牡
鹿毛

2021年、3連勝で関東オークスを制したのは武豊騎手とウェルドーン。父はヘニーヒューズ、母父はダンスインザダークと、流行をおさえた血統である。彼女の母母父はサッカーボーイで、母母母父はアローエクスプレス。アローエクスプレスは69年生まれの武騎手より年上の67年生まれという古の名馬だ。ライバルのタニノムーティエとともに70年のクラシック戦線を盛り上げ、自身は皐月賞2着、ダービー5着と悔しい思いをしている。

朝日杯やNHK杯を制している現役時代も当然ながら見事ではあるが、アローエクスプレスが競馬史に名を残したのは引退後の活躍によるもの。桜花賞・オークスの二冠牝馬テイタニヤをはじめ、桜花賞馬リーゼングロスやオークス馬ノアノハコブネなどを送り出す名種牡馬となったのだ。当時といえばまだ「種牡馬といえば輸入種牡馬」という時代。それでも自身のスピードを色濃く伝えたアローエクスプレスは人気を集め、80、81年には地方・中央を合わせた統計である全日本リーディングサイアーにも輝く快挙を達成した。

その後も血は広がり、リステッド競走で2勝したマイネルサーパスや、ダートで活躍するレッドラパルマらの血統表で、今もなお、その名前を見ることができる。

（緒方きしん）

父	スパニッシュイクスプレス
母	ソーダストリーム
母の父	Airborne
戦績	[7-3-0-4] 朝日杯3歳S
距離適性	中距離
脚質	先行

グランドマーチス

いまや伝説の物語、障害馬として初の顕彰馬

1969年生まれ
牡
栗毛

日本競馬初の獲得賞金3億円超え、史上2頭目の中山大障害4連覇、障害馬として初の顕彰馬——。これらの輝かしい実績から、私はグランドマーチスのことを「完璧で究極の障害馬」だと思っていた。しかし実際の彼は愛おしいほど個性的で、常識外の凄い馬だった。

まず特筆すべきはそのタフネスさ。「ハリも、注射一本打ったことがない、怪我をしても薬を塗れば治る」というほどで、下痢とトモ脚の腫れを抱えながら1974年の中山大障害・春を優勝した。翌75年の中山大障害・春も不安があった靱帯にアロエを塗って治療し、見事3連覇を達成。また寺井千万基騎手を振り落とすほどの恐ろしいジャンプ力とバネに加え気性難でもあったようで、10連勝をかけたレースで隣の馬の騎手に噛みつこうとして6着に敗れたこともあった。担当する宮本保一厩務員は「何回も噛まれたが、かわいいやつ」と目を細め、5連覇に挑んだ76年中山大障害・春では悪化した裂蹄への治療として患部にマムシ焼酎を注射器で差し込むなど必死に看病。敗れたものの2着と奮闘した。

この強い肉体と陣営からの深い愛情があったからこそ、彼は幾多の困難を乗り越えることができたに違いない。

（張凡夫）

父	ネヴァービート
母	ミスギンオー
母の父	ライジングライト
戦績	［23-10-9-21］ 中山大障害４勝　京都大障害３勝
距離適性	長距離
脚質	逃げ・先行

タケホープ

ダービー＆菊花賞でヒーローを破った二冠馬

1970年生まれ
牡
鹿毛

日本ダービーと菊花賞の二冠は、他のパターンの二冠とは印象が違う。理由は様々だが、史上2頭いる内の1頭が1973年のタケホープだ。地方競馬出身のハイセイコーが、中央のエリートをなぎ倒す構図は、高度成長が終わったオイルショックの時代に社会現象となった。その時代のヒーローを、ダービーと菊花賞で破ったのがタケホープだ。特に菊花賞の一騎打ちの末のハナ差は、歴史的な名勝負として今も語られる。

競馬ブックに入社した当時、美浦トレセンには明治生まれの調教師が何人かご存命でいらした。タケホープを管理した稲葉幸夫調教師もその一人。一度だけ、現役馬について取材させてもらったことがある。その時の印象が忘れられない。背筋を伸ばして、駆け出しの記者にも丁寧語を使った。「これが明治の傑物なんだな」と感激し、余談でタケホープの名前を出した。「本当に強い馬でしたよ。でも悪役のように扱われて、可哀想なところもありました」と。戦前戦後の競馬をつぶさに見てきた御大にも、そうしたイメージが残っていることに、鳥肌が立った。ちなみに、戦後の現行ルール下の条件を満たしてダービー、菊花賞を制しての二冠達成馬は、24年現在でもタケホープ1頭。間違いなく偉業である。

（和田章郎）

父　インディアナ
母　ハヤフブキ
母の父　タリヤートス

戦績　[7-0-3-9]
日本ダービー　菊花賞　天皇賞・春
距離適性　中距離
脚質　先行

キタノカチドキ

単枠指定第一号として名を残すセンスの塊

1971年生まれ
牡
鹿毛

現代の競馬では売上全体のわずか3％しかない枠連は昭和の主流だった。「単枠指定」はハイセイコーブームを受けたシード制度のこと。一本かぶりの人気馬が取消や除外になった場合、同枠に馬がいると、馬券が払い戻されないという問題を解消するために生まれた。キタノカチドキはその単枠指定第一号として記録に残る。

もちろん、それだけではない。15戦11勝、4着以下はただの一度しかない極めて性能の高いセンスとスピードにあふれる馬だった。その源は父テスコボーイ。イギリスから輸入されたテスコボーイはテスコガビー、トウショウボーイ、サクラユタカオーを送り出したチャンピオンサイアー。長距離主流の当時の日本の生産界にとって、スタートダッシュに優れ、スピードで押し切り、速い時計に強いテスコボーイは革命児的存在だった。キタノカチドキは1200mでデビューし、距離を延ばしながら7連勝で皐月賞を制した。単なるスピード型ではなく、距離が延びてもペースに合わせて我慢できた。それを証明したのが菊花賞。長距離特有のスローに動じることなく、魔術師・武邦彦騎手の、ふわっとした当たりに応え、上手に折り合い、抜け出した。まさにセンスの塊だった。

（勝木淳）

父　テスコボーイ
母　ライトフレーム
母の父　ライジングフレーム
戦績　［11-2-1-1］
皐月賞　菊花賞
距離適性　中〜長距離
脚質　先行

カブラヤオー

絶対に譲らず二冠を制した、極端な怖がり屋

1972年生まれ
牡
黒鹿毛

音を出さずに映像を見ているだけでは、レースの質や条件等は把握しにくいが、「なんじゃこりゃ」みたいな、わかりやすく、異様に映るレースもある。その一点だけで、カブラヤオーが逃げ切った1975年の日本ダービーは後世に語り継がれていい、と思っている。
何しろテンから激しいハナ争いを制し、道中は入れ替わり立ち替わり競りかけられて1000m通過58秒6。直線入り口では先行勢はヘロヘロの体でゴールに向かう。ところがそこからカブラヤオーは二の脚、いや三の脚まで使って振り切る。騎乗していた菅原泰夫騎手にこのレースについて聞いたことがある。カブラヤオーが〝極端な怖がり〟だったことは有名な話で、その要因となったのが「幼少期に他馬に蹴られた」エピソードがネットに上がっている。が、本当のところはそうではなく、「どうも柵で囲まれた小さいパドックに長いこと置かれてたみたいなんだ」と子馬時代の実情を教えてくれた。その口ぶりは慈しみに満ちていて心に沁みた。そして〝極端な怖がり〟に関して緘口令が敷かれ、競りかけられても絶対に譲らない、という常識外れの策が取られる。それを可能にしたのは心肺能力の高さだが、そうした馬と人との絆が、時として伝説となる馬&レースを生むのだろう。

（和田章郎）

父	ファラモンド
母	カブラヤ
母の父	ダラノーア
戦績	[11-1-0-1] 皐月賞　日本ダービー
距離適性	中距離
脚質	逃げ

テスコガビー

美しく瞬いた、一代限りの伝説

1972年生まれ
牝
青毛

今もなお史上最強牝馬の候補としてあげられる伝説的名牝、テスコガビー。デビュー戦（芝1200m）を7馬身差、牡馬相手の京成杯3歳S（芝1200m）で6馬身差レコード勝ちと、圧勝楽勝の連続。桜花賞ではスタートからゴールまでグングンと加速を続け、後続に1秒7差の大差勝ちとなった。桜花賞レコード1分34秒9はその後13年間残り、2000年の桜花賞と同タイムという驚愕の内容のものだった。「後ろからは何にも来ない！」と3回も連呼する杉本清アナの名実況は、JRAのCMでも使われたほどで、もはや語り草である。

オークスでは手綱を軽くしごくだけ、ほぼ持ったまま馬なりで8馬身差。主戦・菅原泰夫騎手はこの年、カブラヤオーにも騎乗して牡馬二冠も制したが「普通にやったらテスコガビーの方が上」とまで語っている。

競走馬生晩年は不幸が相次ぎ、さらには仔を残せなかった事が痛恨の極み。しかし、そんな彼女の儚き薄幸の馬生が、より彼女の強さと速さを引き立て、煽情的に心の琴線に触れるのである。それゆえ、人は彼女を史上最強牝馬の1頭として、語りたくなる。

（兼目和明）

父	テスコボーイ
母	キタノリュウ
母の父	モンタヴァル
戦績	[7-1-1-1] 桜花賞　オークス
距離適性	マイル〜中距離
脚質	逃げ・先行

トウショウボーイ

TTG時代を築き、三冠馬の父となった天馬

1973年生まれ
牡
鹿毛

トウショウボーイ、テンポイント、グリーングラス。1973年生まれの名馬3頭だ。菊花賞・宝塚記念・有馬記念と3頭が揃って出走したレースでは上位を独占。当時八大競走と呼ばれていたGⅠ（級）レース（皐月賞・日本ダービー・菊花賞・春の天皇賞・秋の天皇賞・有馬記念・桜花賞・オークス）を3頭合計で7勝した。

トウショウボーイは新馬戦で2着を3馬身突き離した。ちなみにこのレースで3番人気だったグリーングラスは4着で、春のクラシック不出走。3戦無敗のトウショウボーイと5戦無敗のテンポイントは東京開催の皐月賞で激突、トウショウボーイが5馬身差でテンポイントを退けた。27頭が出走した日本ダービーで1番人気となったトウショウボーイだが、前を行くクライムカイザーに届かなかった。神戸新聞杯でクライムカイザーを5馬身チギったトウショウボーイは京都新聞杯も連勝して菊花賞へ進むも距離の壁に泣かされ3着。勝ったのは上がり馬グリーングラス。続く有馬記念ではテンポイントとワンツーフィニッシュ。半年ぶりの休養明けとなった宝塚記念も制したが、引退レースの有馬記念でテンポイントに敗れた。引退後は種牡馬となり三冠馬ミスターシービーを送り出した。

（小川隆行）

父	テスコボーイ
母	ソシアルバターフライ
母の父	Your Host
戦績	[10-3-1-1] 皐月賞　有馬記念　宝塚記念
距離適性	中〜長距離
脚質	先行

グリーングラス

三強の牙城を守り抜いた孤高のステイヤー

1973年生まれ　牡　黒鹿毛

トウショウボーイ、テンポイントと一時代を築き、TTGと称された「いぶし銀」グリーングラス。ただ、三強形成のきっかけとなったシーンは、あまりにも痛快かつ鮮烈だった。

初戦でトウショウボーイに1秒6ちぎられるも徐々に力をつけ、なんとか出走にこぎつけた菊花賞の直線。トウショウボーイを競り落とし栄光へと突き進むテンポイントを内から一気に差し切り12番人気の低評価を覆した。続く年明けのアメリカジョッキークラブCもレコードで制し、三強の図式を確固たるものとした。

その後、宝塚記念と有馬記念でTTに先着を許すも、有馬記念では2頭を飲み込むかの勢いで追い込み、あわやの場面を演出。さらに、ライバル2頭がターフを去った翌年以降も現役を続け天皇賞・春で勝利をあげる。脚部不安に苦しみながらも引退レースとなった7歳時の有馬記念で、TTの影を追うように2周目3コーナーから一気にスパート。最後は死力を尽くしてメジロファントムの猛追をハナ差しのぎ、先頭でゴール板を駆け抜けたのである。

孤独な戦いとなった2年間、三強の牙城を守り抜いた孤高のステイヤーは、TTもなし得なかった八大競走3勝の偉業を達成。自ら最高の花道を飾ってみせた。

（齋藤翔人）

父　インターメゾ
母　ダーリングヒメ
母の父　ニンバス

戦績　[8-7-4-7]
菊花賞　天皇賞・春　有馬記念
距離適性　長距離
脚質　先行・差し

カツラノハイセイコ

ハイセイコー最高傑作　繊細さと強さは表裏一体

1976年生まれ
牡
黒鹿毛

令和のダービーはディープインパクト産駒が3連勝した後、ドウデュース、タスティエーラ、ダノンデサイルと2、3着に敗れた父の雪辱が続く。古馬になってビッグレースを制し、種牡馬になった馬たちにとって産駒のダービー制覇は自身の借りを返し、血の価値を高める意味でも成し遂げたい命題の一つだ。二度と出走できないダービーのリベンジ。カツラノハイセイコはその名の通り父ハイセイコーのダービー馬だ。

雑草魂ハイセイコーは大井と中央で10連勝し、ダービーに挑むも3着に敗れた。その初年度産駒カツラノハイセイコの母コウイチスタアは小岩井農場が明治40年にイギリスから導入した基礎輸入牝馬フロリースカップの牝系であり、期待の大きな血統馬だった。カツラノハイセイコはそんな期待とは裏腹に骨瘤や熱発など体質の弱さを露呈してしまう。一方で、ひとたび力を出せば、強烈な末脚で魅了する。血統馬の繊細さと強さは表裏一体。陣営はさぞ難しい調整と選択の連続だっただろう。それだけにハナ差で制したダービーの価値はハイセイコーの雪辱を果たした以上に大きい。偉大な父との物語になりがちだが、体質の弱さを乗り越えるカツラノハイセイコと陣営の苦心への興味も尽きない。

（勝木淳）

父　ハイセイコー
母　コウイチスタア
母の父　ジャヴリン

戦績　[8-7-3-5]
日本ダービー　天皇賞・春
距離適性　中〜長距離
脚質　差し

ハギノトップレディ

1977年生まれ
牝
黒鹿毛

幻の桜花賞馬から誕生した、親孝行アイドル

ハギノトップレディの母イットーは、「幻の桜花賞馬」と言われている。阪神3歳Sでキタノカチドキに迫り、紅梅賞を6馬身差で楽勝した時、誰もが「桜花賞はイットー」と確信した。しかし好事魔多し。紅梅賞後、左前脚に骨瘤を発症し桜花賞を断念する。

イットーが競馬場を去って4年後の1979年夏、初仔ハギノトップレディが衝撃的なデビューを果たす。函館1000mの新馬戦で2秒2の大差をつけ、57秒2の日本レコードで勝利。母がイットーで話題となるものの、レース後脚部不安で休養に入る。

桜花賞まで2週間となった3月22日、1戦1勝の身ながら桜花賞指定オープン（3着まで優先出走権）に出走。何とか3着に逃げ粘り、母が断念した桜花賞の出走権をギリギリで得た。

花曇りの桜花賞。2戦1勝のキャリアながら2番人気の支持を得たハギノトップレディは、スタートと同時に飛び出すと、20頭を従えて軽快に逃げていく。直線に入って差を詰められるものの、先頭を死守。最後まで誰にも抜かれず、念願の桜花賞先頭ゴールを果たした。

桜花賞の表彰式が終わる頃、突然雨が降り出す。桜を濡らす雨は、母イットーのうれし涙だったのか？　ハギノトップレディは「親孝行なアイドルホース」である。

（夏目伊知郎）

父　サンシー
母　イットー
母の父　ヴェンチア

戦績　[7-0-1-3]
桜花賞　エリザベス女王杯
距離適性　マイル～中距離
脚質　逃げ

カツラギエース

三冠馬も海外馬も、情念すらも振り切って

1980年生まれ
牡
黒鹿毛

三冠馬同士の激突はこれまでに5回実現している。直近4回はいずれかの三冠馬がレースそのものに勝利を収めているのだが、1984年のジャパンCで実現した「日本競馬史上初めての三冠馬対決」に待っていたのは、カツラギエースの逃げ切りという驚きの結末だった。

カツラギエースは、菊花賞の前哨戦で、後に三冠馬となるミスターシービーを破るなどクラシック三冠を皆勤。翌年は重賞を連勝して迎えた宝塚記念で堂々の1番人気に支持されて2番手から押し切って完勝し、秋には毎日王冠で復帰してきたミスターシービーを退け、天皇賞・秋でも2番人気に支持されるなどした、いわばエリート競走馬だった。ところがジャパンCでは一転して10番人気の低評価である。まだ海外馬優勢の時代に、シンボリルドルフまでもが参戦とあらば、それまでの実績が霞んでも仕方がなかったのだろうか。

10番人気の逃走劇とだけ聞けば、まるで「伏兵」による奇襲だったかのように聞こえるかもしれない。しかし競馬において、人気やオッズという要素は強い馬を並べた順番ではなく、あくまでファンの予想と馬券購入が作りあげている数字に過ぎない。カツラギエースの走りは、そんな数字に反発するエリート競走馬の渾身の逃走劇だったのである。

（秀間翔哉）

父	ボイズィーボーイ
母	タニノベンチヤ
母の父	ヴェンチア
戦績	[10-4-1-7] ジャパンC　宝塚記念
距離適性	中距離
脚質	逃げ・先行

ミホシンザン

偉大な父の血を色濃く受け継いだ、幻の三冠馬

1982年生まれ
牡
鹿毛

皐月賞、菊花賞、天皇賞・春とGI3勝を挙げた昭和の名馬ミホシンザン。三冠馬シンザンを父に持つ同馬だが、日本ダービーは骨折で回避。2世代上のミスターシービー、1世代上のシンボリルドルフに続く、3年連続三冠馬が立ち消えとなった。

また2年連続有馬記念で敗れた点も、この馬にとっては悔やまれる出来事だった。4歳時はシンボリルドルフに4馬身離され、5歳時もダイナガリバーとギャロップダイナに届かなかった。秋の天皇賞でシンボリルドルフを破ったギャロップダイナとの比較でも、ルドルフとの力量差を感じさせられる。ジャパンCでは日本馬として最先着となるものの、外国馬2頭に後れを取った。しかし長距離では無類のスタミナを発揮した。菊花賞では後の天皇賞馬サクラユタカオーを破り、引退レースとなった春の天皇賞でGI3勝目をマーク。他馬が外を走る中、内ラチ沿いを走っての快勝劇は菊花賞以来1年半ぶりの勝利で、父シンザンとともに史上4組目の天皇賞父仔制覇を成し遂げた。

16戦9勝、3着以内は14戦。父シンザンの最高傑作、競馬史に残るスタミナホースは、長寿だった父（35歳で死去）と同様に32歳の天寿を全うした。

（小川隆行）

父 シンザン
母 ナポリジョオー
母の父 ムーティエ

戦績 [9-1-4-2]
皐月賞　菊花賞　天皇賞・春
距離適性 中〜長距離
脚質 先行

メジロラモーヌ

今も輝くその血統、パーフェクトな三冠牝馬

1983年生まれ
牝
青鹿毛

今でこそ牝馬三冠と言えば桜花賞・オークス・秋華賞の3レースというイメージが定着しているが、秋華賞の設立は1996年。それまではエリザベス女王杯が、いわゆる牝馬三冠の最終戦であった。秋華賞の設立以降は6頭の三冠牝馬が誕生しているが、秋華賞の設立以前に牝馬三冠を達成した馬はメジロラモーヌただ1頭である。

青鹿毛の美しい馬体で早めに抜け出していくレースぶりは「パーフェクト」とも称される。デビューから引退までの僅か1年2カ月の間に12戦を走り、挙げた9勝のうち7勝が重賞での勝ち星。牝馬三冠とそのトライアルレースを完全制覇した強さとタフさをあわせ持ち、通算12戦中10戦で1番人気に推された名牝であった。

三冠達成後、同年の有馬記念を最後に引退。直接の産駒から重賞馬は出なかったが、七冠馬シンボリルドルフとの仔メジロリベーラの孫に08年川崎記念勝ち馬フィールドルージュ、17年ファルコンS勝ち馬コウソクストレートがいる。さらにメジロライアンとの仔メジロルバートの孫グローリーヴェイズは、19年・21年の香港ヴァーズを優勝した後に種牡馬入り。現在もその素晴らしい血を繋げている。

（岩坪泰之）

父　モガミ
母　メジロヒリュウ
母の父　ネヴァービート

戦績　[9-0-0-3]
桜花賞　オークス　エリザベス女王杯
距離適性　マイル〜中距離
脚質　差し

マティリアル

低迷、復活、早逝…語り継がれる重賞2勝馬

1984年生まれ　牡　鹿毛

マティリアルには語られるべきエピソードが多い。しかし、どんな馬だったかと問われると、「これほど評価に悩まされる馬は滅多にいない」と答えるしかない。19戦してGⅠは未勝利どころか連対もなく、GⅡは4歳春のスプリングS、GⅢも京王杯オータムHのみ。通算成績だけを見ると特段目立たない馬が、日本ダービーでは単枠指定で1番人気に支持された。

シンボリルドルフがダービーを勝ち、翌年シリウスシンボリが続いた。飛ぶ鳥を落とす勢いのシンボリ軍団が、そこから1年あけて送り出した正真正銘のエリート。ベールを脱いだのは3戦2勝で迎えたスプリングS。中山1800mという小回りで、最後方から直線だけでゴボウ抜き。皐月賞も同様のレース運びで3着。「東京に変われば」と多くのファンが期待するのも無理はなかったが18着と大敗。長い低迷期を経てマイル路線に活路を見出した6歳秋。京王杯オータムHで約2年半ぶりの勝利を飾るが、直後に右前肢を骨折、経過観察中に死亡…。後年の関係者の回顧にもあるように、ダービー後の長い低迷は、期待馬ゆえに王道を歩み続けた連戦が影響したものなのか。つまりそれは、人間の都合に翻弄された1頭のサラブレッドの宿命であり、〝名馬モノ〟で扱い続けられる理由かもしれない。

（和田章郎）

父	パーソロン	戦績	[4-2-2-11] スプリングS　京王杯オータムH
母	スイートアース	距離適性	中距離
母の父	スピードシンボリ	脚質	先行・差し

サクラスターオー

名実況とともに駆けた、悲運の二冠馬

1984年生まれ
牡
黒鹿毛

「怪我がなければ三冠馬になっていた」――当時、筆者に競馬の醍醐味を教えてくれた伯父が、よく語っていたセリフだった。皐月賞では14番手から直線一気で2着馬に2馬身半差の楽勝ゴール。勝ち時計は歴代3番目の速さである（当時）。勝利歴のある東京コースでの日本ダービーは好走確実と思われたが、ダービー2週間前、前脚に繋靭帯炎を発症。陣営は脚に負担をかけないプール調教で秋を目指した。当時は珍しいぶっつけでの菊花賞出走。不安がなくならぬ中、「万が一の時は馬を止めてもいい」と陣営は出走を決めた。皐月賞以来のレースでもあり単勝は9番人気。GⅠ初騎乗となった若武者・武豊騎手のレオテンザンが2周目3コーナーから先頭に立ち、ダービー2着サニースワローが3番手。ダービー馬メリーナイスが両馬とともに前を進む。そんな中、サクラスターオーは4コーナーで4番手から空いた内を突く。「菊の季節に桜が満開！」という杉本清アナの名セリフが叫ばれた直後、先頭でゴールを突き抜けた。続く有馬記念では3コーナーを通過した直後、異変を察知した鞍上の東信二騎手が下馬。球節から下の脚が90度折れていた。5カ月に及ぶ闘病の末に安楽死処分。最期は脚が皮一枚でつながっている状態でこの世を去ったという。

（山本和夫）

父	サクラショウリ
母	サクラスマイル
母の父	インターメゾ
戦績	［4-1-0-2］ 皐月賞　菊花賞
距離適性	中〜長距離
脚質	差し

メリーナイス

6馬身差の圧勝劇で魅せた伏兵ダービー馬

1984年生まれ
牡
栗毛

競馬場の記者席で観た最初のダービーの勝ち馬はメリーナイスだった。トレセンでの取材をし始めて1年と少しが経った頃だった。当時はまだ明治、大正初期生まれの調教師がご存命で、メリーナイスを管理していた橋本輝雄調教師（大正4年生）もその一人だった。ダービーを騎手時代に二度制し、調教師としても多くの優駿を管理した名伯楽である。

そのレジェンドが、調教師としてのダービー制覇を期待している、と噂されたのがメリーナイスだった。「アッと驚くギャロップダイナ」でシンボリルドルフを破った根本康広騎手（現調教師）が騎乗し、派手な風車ムチで朝日杯3歳Sを勝った時には、自分も「これだっ」と思って成長を待っていたが、スプリングS9着、皐月賞7着と振るわず、そこへ持ってきて超エリートのマティリアルの登場。半信半疑な部分も拭えずに当日を迎えると〝ダービーポジション〟という言葉の真意を目の当たりにした。それまで中団より後ろからレースを進めていたメリーナイスが、互角のスタートから最初のコーナーを過ぎ、2コーナーから向正面に出たところで絶好位の外にいた。道中もスムーズに折り合って、直線追い出すと2着に6馬身差の圧勝劇。記者席でのダービーは、今も思い出深く、鮮明に蘇ってくる。

（和田章郎）

父　コリムスキー
母　ツキメリー
母の父　シャトーゲイ

戦績　[5-3-0-6]
日本ダービー　朝日杯3歳S
距離適性　中距離
脚質　先行

マックスビューティ

優雅さと美しさを兼ね備えた絶対的アイドル

1984年生まれ
牝
鹿毛

その馬名から「究極の美女」とも称された彼女は、1987年の4歳牝馬戦線を席巻する。圧倒的な強さだけでなく、優雅さと美しさも兼ね備えたマックスビューティ。新春の紅梅賞を皮切りに、春のクラシック戦線を無敗で駆け抜けた。桜花賞8馬身差、オークス2馬身半差で圧勝し、前年の三冠牝馬メジロラモーヌと比較しても、遜色ない強さだった。

「残る一冠も、マックスビューティで仕方がない」

最後の一冠、エリザベス女王杯（当時は4歳牝馬限定戦）でも、スタートから3コーナーまでは理想的な位置取りだった。ところが、坂を下り4コーナーに向かう時点から田原成貴騎手との折り合いが怪しくなる。大外から一気に先頭集団に取りついたマックスビューティは、直線入り口で強引に先頭に躍り出た。直線半ば、彼女が何馬身離すかを見ていた場内から悲鳴が上がる。馬群を縫ってタレンティドガールが矢のように伸びてくる。一完歩毎にその差は縮まり、並ぶ間もなく逆転してゴールイン。マックスビューティの三冠が消え去った。

「究極の美女」は「才能ある女子（タレンティドガール）」に夢を打ち砕かれた。それでも、マックスビューティは誰もが認める「87年の絶対的アイドル」である。

（夏目伊知郎）

父　ブレイヴェストローマン
母　フジタカレディ
母の父　バーバー
戦績　[10-2-1-6]
桜花賞　オークス
距離適性　中距離
脚質　差し

ダイユウサク

晩年に咲いた、元祖・大波乱の立役者

1985年生まれ
牡
鹿毛

2024年5月のヴィクトリアMで15頭立て14番人気のテンハッピーローズが優勝、単勝配当は208倍の大荒れになった。14年フェブラリーS・コパノリッキー以来のGⅠレースにおける大波乱となったが、オールドファンで、史上名高い大荒れレースを思い出した人もいただろう。91年有馬記念のダイユウサクだ。断然の1番人気メジロマックイーンを差し切ったのはGⅢ1勝のみの14番人気馬。後方から直線一気を決め、7歳（現6歳）にしてGⅠ初勝利。誰もが予想だにしない勝利だった。アナウンサーが「これはびっくりダイユウサク！」と叫んだ声を、取引先の忘年会を抜け出して中継をみていた馬主が聞き、愛馬が先頭でゴールすると「どげんなっとるがぁ！」と叫んだという。

この年のダイユウサクは金杯（2000m）を勝ち大阪杯も2着したが、秋は朝日チャレンジC（2000m）から京都大賞典（2400m）、スワンS（1400m）、マイルCS（1600m）、阪神競馬場新装記念（1600m）と距離の短縮をものともせず走り切った。前走マイル戦を勝った馬が900mの距離延長に対応するとは…、京都大賞典で2秒もチギられたメジロマックイーンを破るとは…。競馬とは予測のつかないものである。

（小川隆行）

父 ノノアルコ
母 クニノキヨコ
母の父 ダイコーター

戦績 ［11-5-2-20］
有馬記念
距離適性 短〜中距離
脚質 自在

サッカーボーイ

日本一の勝負服に見合うベストパフォーマー

1985年生まれ
牡
栃栗毛

黄色に黒の縦縞、一本輪は青。日本競馬界を代表する社台レースホースの勝負服だ。その勝負服が一番似合うのは、父譲りの少し気難しい気性に三白眼、綺麗な栃栗毛に黄金色の尾を靡かせていたサッカーボーイだと思う。

1986年に社台のダイナガリバーが日本ダービーを制し、代表である吉田善哉氏の悲願が成就された。悲願を達成した社台は翌年からそれまで使用していた「ダイナ」の冠名を使うのをやめて現在の命名方法にシフト。いわゆる「新時代」の社台となった。そんな時代の転換期における、社台の代表馬がサッカーボーイである。

3歳時から大器と評されながらも不調で4歳春シーズンは精彩を欠いたサッカーボーイだったが、完調に戻った夏以降はGⅠ制覇やレコード勝ちを含む4戦3勝の大活躍。函館芝2000mのレコードタイム1分57秒8は、令和の今でも破られていない。そんな激闘の背にあった、栄光にも重圧にもなり得た勝負服。それはいつしか彼の走りとともに「旧時代」から「新時代」への移り変わりを象徴するものとなっていた。時代の先駆者としてターフを駆け抜けたサッカーボーイだからこそ、勝負服がよく似合うのだろう。

（小早川涼風）

父　ディクタス
母　ダイナサッシュ
母の父　ノーザンテースト
戦績　[6-0-2-3]
マイルCS　阪神3歳S
距離適性　マイル〜中距離
脚質　差し

ロジータ

強い精神力を誇った川崎のレジェンド牝馬

1986年生まれ
牝
鹿毛

ロジータの母メロウマダングは4戦3勝のうちレコード2回を記録し、1ハロンを10秒台で駆けた快速牝馬だったが、脚が弱く4歳春に引退。そんな彼女の2番目の仔で、風のように速いという意味で「ピューちゃん」と呼ばれた若き牝馬は、牧場に咲いていたユリの花から「ロジータ」と名づけられた。

4歳に本格化し南関東牡馬二冠を制すと、古馬相手の報知オールスターC2着を経て中央のオールカマーに挑戦。そこではオグリキャップの5着に敗れるが、次走の東京王冠賞を勝利で飾り、南関東史上初の「牝馬による三冠制覇」を達成。その後、ジャパンCに出走し最下位に敗れるも、大敗のダメージはなく東京大賞典、川崎記念と連勝し引退した。

彼女の強さは、負けを引きずらない精神面にある。それは彼女がいた環境が手助けしたのかもしれない。彼女を管理した福島幸三郎厩舎では、紀州犬から猟犬、鶏など様々な動物を飼育していた。小動物たちに囲まれることにリラックス効果があったのだろう。また福島調教師の妻キヨ子さんは年中ロジータに話しかけ、ロジータも反応していたというが、それも有効だったのかもしれない。人間と同様、競走馬にも時には癒しが必要なのだ。

（張凡夫）

父　ミルジョージ
母　メロウマダング
母の父　マダング

戦績　［10-2-1-2］
羽田盃　東京ダービー　東京王冠賞
東京大賞典　川崎記念
距離適性　中〜長距離
脚質　先行・差し

サンドピアリス

三度目の波乱を望まれた砂の貴婦人

1986年生まれ
牝
鹿毛

「砂の貴婦人」という意味を持つ小柄な牝馬サンドピアリスは1989年のエリザベス女王杯（当時は世代限定戦）を20頭立て20番人気で優勝し「芝」のGⅠを制覇した。

ダートの新馬戦を勝利したサンドピアリス。芝では全く通用せず、平場のダート4歳400万下（現3歳1勝クラス）で2勝目を挙げた。クラスが上がり、古馬との混合戦になるとダートでも苦戦する秋、サンドピアリス陣営は4歳限定のエリザベス女王杯を選択する。鞍上は2年目19歳の岸滋彦騎手、単勝オッズは400倍超という断然の最低人気。しかし彼女は、後方追走から直線大外に回り、鮮やかな差し切り勝ちを決めた。

「しかしびっくりだ、これはゼッケン番号6番、サンドピアリスに間違いない！」

杉本清アナウンサーのこの実況が、場内の驚きとどよめきをリアルに表現していた。

古馬になった翌年秋、惨敗続きも京都大賞典3着の好走を経て挑んだ有馬記念。オグリキャップ引退レースのパドックに登場したサンドピアリスの応援横断幕に、誰もが微笑む。

「二度あることは、サンドピアリス！」

平成初頭の穴党ファンに愛された、紛う方なきアイドルホースである。

（夏目伊知郎）

父 ハイセイコー
母 イエンライト
母の父 イエラパ

戦績 [3-1-1-13]
エリザベス女王杯
距離適性 中〜長距離
脚質 差し

小川隆行さんとのタッグで作り上げた星海社新書での競馬本も、気がつけばこれで10冊目となります。今回は校正でご協力いただいた大寄さんをはじめ、本当に多くの方々に引っ張っていただきました。そしてもちろん、本書を手にとってくださった読者の方々があってこそ。本当に、ありがとうございます。

小川さんとはじめてお会いしたのは、『アイドルホース列伝』の1冊目の製作が終盤に差し掛かっている頃でした。私のメモによると2021年4月18日、もう3年以上前のことになります。そこからこれまで猛然と10冊も作ったのですから、本当に出会いというのはおもしろく貴重なものだなと感じます。競馬ファンとしてもライターとしても編集者としても大先輩ですが、いつも私の拙い意見に快く耳を傾けてくださったこと、心から尊敬しています。夕方以降に電話すると大抵酔っているので、いつこんなにたくさんの作業をしているのだろうと不思議に思っているのは秘密です。

1冊目の『アイドルホース列伝』の企画書を読み、101頭を紹介すると知った時には「そんなにたくさんの名馬を一度に紹介する本が作れるものなのか!?」と思ったものです。しかし、前作から今までの間で、イクイノックスやドウデュース、リバティアイランドといった名馬が新たに登場。ダート路線でも、ウシュバテソーロやフォーエバーヤングらが国内外で驚くべき活躍を見せています。当然、これからデビューする馬からもアイドルホースが登場することでしょう。今回、取り上げたくてもページが足りなかった歴代の名馬もたくさんいます。競馬とは、なんと魅力的なのだろうと改めて感じます。

前作のあとがきで、小川さんがこんなことを書いていました。

「人生で一番好きな競馬の本を編著者としてまとめることができて、これ以上の嬉しさはありません。カミさんには常々『俺が死んだら棺桶の中を花ではなくハズレ馬券で一杯にしてくれ』と言ってきましたが、枕元に本書を置いてくれ、と付け加えます」

そこから、想像以上にたくさんの本を作りました（それ以上にハズレ馬券を量産してしまいましたが…）。ただ、競馬には、まだまだ伝え足りない魅力がたくさんあります。その楽しさの根源を、競馬場で馬券を握りしめて一喜一憂している小川さんの姿から感じるのは、私だけでしょうか。そして一緒に居酒屋で競馬談義に花を咲かせ、そこで感じた楽しさや熱量を文章に落とし込み、読者の方々に伝えていければと思います。

緒方きしん

執筆者紹介（五十音順）

安藤康之　あんどう・やすゆき
ダビスタから競馬にハマって、競馬歴は30年オーバー。最初の競馬予想は1993年の有馬記念でトウカイテイオーに◎。

岩坪泰之　いわつぼ・やすゆき
競馬場もウインズも無い島・種子島出身。クロキリの名前で2019年よりブログを毎日更新。「ウマフリ」への寄稿も。共著に『キタサンブラック伝説』。

枝林応一　えだばやし・おういち
北海道出身。ステイゴールドを追いかけることで競馬を知り、学び、耐え、泣く。好きな湖は阿寒湖。好きな山は開成山とコーカサスの名峰ウシュバ。

縁記台　えんき・うてな
1993年生まれ、東京都出身。漫画・ゲームをきっかけに競馬ファンになる。細々と一口馬主を続けながら、「ウマフリ」にてライターとしても活動中。

緒方きしん　おがた・きしん
1990年北海道生まれ。競馬ライター。競馬コラムサイト「ウマフリ」の代表を務める。「netkeiba」「SPAIA」『競馬の天才!』などに寄稿。

小川隆行　おがわ・たかゆき
1966年千葉県生まれ。牡58。ライター&編集者。中山競馬場の近くで生まれ育ち、高校時代にミスターシービーを目にして熱狂的な競馬ファンに。

勝木淳　かつき・あつし
競馬ライター。優駿エッセイ賞2016グランプリ受賞。ウマフリをはじめ、「SPAIA競馬」『優駿』などに寄稿。Yahoo!ニュース公式オーサー。

久保木正則　くぼき・まさのり
日刊競馬新聞社所属のトラックマン。グリーンチャンネルパドック解説者。調教タイムを探りつつ、その動きを見極める日々を送る。

兼目和明　けんもく・かずあき
1981年栃木県生まれ。世界名馬研究・馬民俗学研究家。『奇跡の名馬』（2010年）、『奇跡の名馬II』（2019年）を出版。協力出版に『地方競馬の黄金時代』など。

後藤豊　ごとう・ゆたか
ギャンブル・女・酒・野球に明け暮れ30年になる馬券オヤジ&タクシードライバー。

小早川涼風　こばやかわ・すずか
祖父、父の影響で幼い頃から競馬に触れ、成長とともに本格的に足を踏み入れた。思い出の馬はファストフォース。「ウマフリ」では主に名馬記事を寄稿。

齋藤翔人　さいとう・とびと
京都府出身。大学卒業後、サラリーマン生活を10年以上送るも、競馬に関わる仕事がしたい気持ちを抑えきれず脱サラ。競馬コラムサイト「ウマフリ」で重賞回顧を連載中。

作矩智満　さのり・ちま
1990年代生まれ。趣味は写真撮影や文章を書くこと。黄色の馬具がトレードマーク、美浦の高木厩舎を応援中。

佐幌俊正　さほろ・としまさ
日本史好きで、社会科を教える仕事をしているマニアック競馬ファン。マイネイサベルに一口出資していたのが自慢。近年は地方競馬にどっぷりハマる。

スオミアッキ
ウマ娘に影響され競馬の世界へ。厩務員を経験しその後、自身も馬主となる。現在は馬主エージェント、競走馬生産をしながら競馬の生産の裏側を発信中。

鈴木ユウヤ すずき・ゆうや
フリーの競馬ライター。東京大学卒。競馬と馬券を研究するブログ「競馬ナイト」を運営する。好きな馬はショウナンマイティとヒガシウィルウィン。

高橋薫 たかはし・かおる
『競馬探偵の憂鬱な月曜日』（著・高橋源一郎）から競馬の世界に迷い込んだのだが、30余年経った今でもまだ迷い続けている50代の地方銀行員。

朱鷺野真一郎 ときの・しんいちろう
2022年、天皇賞・秋でパンサラッサの大逃げを見て競馬の魅力に取り憑かれる。現在は「ウマフリ」に競馬記事を寄稿しつつWEB小説サイトで執筆する日々を送る。

中川兼人 なかがわ・けんと
競馬メディアでニュースを担当。プライベートではダートしか見ない、買わない。好きな馬はホッコータルマエ。最近はアイドルの推し活に熱中している。

夏目伊知郎 なつめ・いちろう
幼少期より競馬を通じて喜怒哀楽を学び、メジロマックイーンの系譜を愛するマーケティングPD。「ウマフリ」では「名馬・名勝負コラム」を担当。

張凡夫 ハリー・ただひと
競馬のきっかけは大井競馬。カンパニーで沼に。好きな馬はショウワモダンとフジノウェーブ。Xでは「競馬インフォメーションクラブ」名義で活動中。

秀間翔哉 ひでま・さねちか
1997年生まれ。ハルーワソング牝系を追い続ける競馬ライター。共著『競馬 伝説の名勝負』シリーズのほか、「ウマフリ」などに寄稿。

福嶌弘 ふくしま・ひろし
1986年生まれ。父の影響で競馬に興味を持ち、小学生の頃に見たスペシャルウィークに惹かれて以来、競馬にのめり込む毎日を過ごすように。

ブルーノ・ユウキ
競馬ソングライター。競走馬の歌を制作し、東京&馬産地を中心にライブ活動を行う。パンサラッサの引退式にて、パンサラッサの歌を披露した。

マリ（馬券主婦）
夫の影響で競馬にハマり、地方中央問わず毎日のように馬券を買っている。YouTube「馬券主婦 マリ」に動画をアップしている。

緑川あさね みどりかわ・あさね
1994年生まれ。福岡出身。ゲームプランナー。学生馬術を通し馬と競馬のすばらしさを知る。縁深い馬に単勝大振りが信条。好きな馬はドウデュース。

三原ひろき みはら・ひろき
仕事でよく中国に行く関係で、香港競馬にも詳しい競馬ファン。好きなのはロイヤルタッチ、サリオス、カリフォルニアメモリー等、もどかしい名馬たち。

ムラマシケソゴ
1985年生まれ。都内在住のIT職、2児の父。「ダビスタ」で競馬を知り、テイエムオペラオーに魅了される。現在は家庭と競馬を両立する日々。

山本和夫 やまもと・かずお
1951年生まれ。競馬を好きになり60年以上が経過。毎週メインレースに金をつぎ込み、負けた金は生涯でウン千万円。

横山オウキ よこやま・おうき
フリーライター。『競馬最強の法則』や『ウマフリ岩手』などに寄稿。好きな馬はルーラーシップ、アパパネ、ダイワスカーレットなど。

淀乃三千 よどの・みち
金沢競馬のフリーペーパー『遊駿＋』の記事を2006年の創刊から書いている会社員。取材で情が移って金沢の馬券は散々。なお、他場や中央の馬券も散々。

和田章郎 わだ・あきお
1961年生まれ。大学卒業後に中央競馬専門紙ケイバブックに入社。「競馬こそ究極のエンターテインメント」がモットー。